Horizontal wachsende Palme in Wok Tum

ÜBER DIESEN REISEFÜHRER

Koh Phangan ist eine der drei bekannten Inseln südlich im **Golf von Thailand**. Während Koh Samui von vielen Pauschalurlaubern besucht wird und Koh Tao ein beliebter Ort für das Tauchen ist, wird Koh Phangan oft nur mit der berühmten **Full Moon Party** assoziiert.

Viele Thailand-Reisende kommen von den Nachbarinseln und vielen weiteren Regionen Thailands alleine für die Full Moon Party nach Koh Phangan. Dabei hat die Insel viel mehr zu bieten, als nur die bekannten monatlich stattfindenden Partys.

Die wahre Schönheit von Koh Phangan hat sich anscheinend noch nicht so weit herumgesprochen, denn außerhalb der Partys ist die Insel oft sehr ruhig und entspannt.

Ich war seit meinem ersten Besuch 2012 von der Insel fasziniert, von ihren schönen Stränden, den traumhaften Aussichtspunkten u.v.m. Während der letzten Jahre habe ich viele Monate auf Koh Phangan verbracht, sowohl in der Nebensaison als auch in der Hauptsaison.

Ich habe die Insel ausführlich kennengelernt, abseits der Partys und dabei vieles erlebt, was den meisten Besuchern verborgen bleibt, wenn sie Koh Phangan nur für ein paar Tage bereisen. Über die Zeit habe ich außerdem viele einheimische Freunde auf Koh Phangan gefunden, was die Erfahrungen auf der Insel noch viel intensiver werden lässt.

Auf meinem Reiseblog ***Home is where your Bag is*** habe ich daher schon viele Artikel über Koh Phangan veröffentlicht und über die Schönheit der Insel berichtet. Viele Reisende haben mir ebenfalls bestätigt, dass Koh Phangan zu ihren Lieblingsinseln in Thailand zählt.

Aussicht von Koh Samui auf Koh Phangan

Da du diesen Reiseführer gekauft hast, möchtest du nun auch Koh Phangan besuchen und die Vielfalt der Insel entdecken.

In diesem Buch zeige ich dir daher alles, was du für die Planung einer Reise nach Koh Phangan wissen musst. Es geht hierbei darum, die Insel schon vor deinem Besuch kennenzulernen und einen Einblick zu bekommen.

Die Kapitel dieses Buches umfassen Infos zur Reisezeit, Anreise, den schönsten Stränden, spannenden Touren über die Insel, Aktivitäten, Märkten, Tempeln und vieles mehr. Zusätzlich gibt es einen Sprachguide und einen Food Guide, damit du die Vielfalt der thailändischen Küche erleben kannst.

Egal, ob du Backpacker oder Pauschaltourist bist: In diesem Reiseführer findest du ausführliche Tipps rund um Koh Phangan und kannst das Buch somit für deine Reiseplanung sowie deinen Aufenthalt vor Ort nutzen.

Wenn du weitere Fragen zu Koh Phangan oder einem bestimmten Thema hast, dann kannst du mich auch gerne per E-Mail über meinen Blog homeiswhereyourbagis.com kontaktieren.

Viel Spaß mit diesem Reiseführer und auf deiner Reise!

Tobi am Than Sadet Beach

01. ÜBER KOH PHANGAN

Der Laem Son Beach bei Srithanu

WARUM DU NACH KOH PHANGAN REISEN SOLLTEST

Koh Phangan ist eine exotische Insel im Golf von Thailand und unglaublich **abwechslungsreich**. Du kannst hier tropischen Regenwald entdecken, Wanderungen auf die zahlreichen Berge unternehmen, wunderschöne Tage an fast einsamen Stränden verbringen und dich einfach von der Insel in ihren Bann ziehen lassen.

Auf Koh Phangan triffst du zwar nicht auf viele Pauschalurlauber, dafür ist das **Publikum sehr gemischt**. Es gibt Familien mit Kindern, Rentner, Backpacker auf ihrer Südostasienreise, Pärchen in den Flitterwochen, aber auch einige Luxusreisende.

Wenn du außerhalb der berühmt-berüchtigten Full Moon Party auf die Insel kommst, dann findest du eine **traumhaft ruhige Insel** vor, die du am besten mit dem Motorroller erkunden kannst. Die meisten Ecken von Koh Phangan lassen sich auf diese Weise entdecken, jedoch gibt es weitere Strände, an die du nur durch längere Wanderungen oder mit einem Longtailboot gelangst.

Solltest du Lust haben zu feiern, dann hat Koh Phangan auch in diesem Bereich immer etwas zu bieten. Neben der Full Moon Party gibt es noch etliche weitere Partys, wie das *Half Moon Festival*, die *Jungle Experience*, die *Black Moon Culture* und so weiter. Es wird also auch für Partyfans nicht langweilig auf Koh Phangan.

Auch hat die Insel ein **vielfältiges Essensangebot** und somit auch hier einiges zu bieten. Das frische Seafood aus dem Meer solltest du unbedingt probieren, aber auch der Rest der thailändischen und der Isaan-Küche sind nicht zu verachten. Wenn du es scharf magst, bist du in Thailand genau richtig. Aber du kannst es genauso gut nicht scharf bestellen und es schmeckt trotzdem köstlich.

Koh Phangan ist meine **Lieblingsinsel** im Land des Lächelns und bietet Traumstrände, freundliche Menschen, tolles Essen und wunderschöne Natur. Komm nach Koh Phangan und finde dein kleines Stück Paradies in den Tropen!

DATEN UND FAKTEN

WO LIEGT KOH PHANGAN?

Die Insel Koh Phangan liegt im Süden Thailands an der Ostküste in der Provinz **Surat Thani**. Vom Festland nach Koh Phangan sind es knapp 70 Kilometer, die mit dem Boot zurückgelegt werden müssen. Einen **Flughafen** besitzt die kleine Insel aktuell nicht.

Die im Golf von Thailand gelegene Insel zählt außerdem zum Koh Samui Archipel, zu dem etwa 60 weitere Inseln wie **Koh Samui**, **Koh Tao** etc., gehören.

GEOGRAPHISCHE DATEN:

- **Inselgruppe:** Mu Koh Samui
- **Gewässer:** Golf von Thailand
- **Fläche:** 125 km²
- **Höchste Erhebung:** Khao Ra (627 m)
- **Provinz:** Surat Thani

BEVÖLKERUNG:

- **Einwohner:** ca. 13.000
- **Hauptstadt:** Thong Sala (mit ca. 5000 Einwohnern)
- **Religion:** ca. 90 % Buddhismus, 5 % Islam, 5 % restliche Religionen wie z.B. Christentum
- **Ethnische Gruppen:** Thais, Chinesen, Burmesen, Laoten

Aussicht vom Domesila Viewpoint beim Phaeng Wasserfall

KOH PHANGANS GESCHICHTE

Die Geschichte von Koh Phangan ist eng mit ihren Nachbarinseln Koh Samui und Koh Tao verknüpft. Es wird davon ausgegangen, dass die Insel schon **vor knapp 2000 Jahren** besiedelt wurde. Die ersten Siedler sollen laut einigen Historikern Seezigeuner aus Malaysia gewesen sein.

Vor etwa 200 Jahren wurde Koh Phangan nach und nach von den Thais und Chinesen besiedelt, die hier vor allem im Fischfang und in den Zinnminen gearbeitet haben. Außerdem wurden viele der heute noch stehenden **Kokosnuss-Palmen** angepflanzt, um Kokosnussöl herzustellen, zu verkaufen und zu exportieren.

Koh Phangan erlangte seine Bekanntheit unter den Thais dadurch, dass schon vor 100 Jahren König Rama V der Insel einige Besuche abstattete. Am *Than Sadet* Wasserfall gibt es einen Stein, in dem das königliche Wappen eingraviert wurde. Der letzte König *Bhumibol (Rama IX)* war hier übrigens auch schon zu Besuch.

Der **Tourismus** auf Koh Phangan stieg erst seit dem Ende der 80er Jahre an. Als 1988 auf der Nachbarinsel Koh Samui der internationale Flughafen fertiggestellt wurde, nahm die Besucherzahl etwas zu. Die **fünftgrößte thailändische Insel** ist jedoch auch heutzutage noch kein Ziel für Pauschalurlauber, da die Anreise sich etwas schwieriger bzw. langwieriger gestaltet.

Grundsätzlich lässt sich sagen, dass Koh Phangan eine ruhige Insel zur Erholung ist. Zumindest 3 Wochen im Monat. Nur zu der weltweit berühmten ***Full Moon Party*** platzt die Insel zeitweise aus allen Nähten.

02. Reisezeit & Anreise

Kleiner Regenschauer am Malibu Beach

DIE BESTE REISEZEIT FÜR KOH PHANGAN

Prinzipiell kannst du Koh Phangan **ganzjährig bereisen**. Wettertechnisch ist die beste Reisezeit für Koh Phangan von Januar bis einschließlich April. Diese Zeit wird auch allgemein als **Hochsaison** bezeichnet.

Hier gibt es mit 5 Regentagen pro Monat laut Statistik die wenigsten Niederschläge. Wenn dann mal Regen kommt, hört er oft nach wenigen Minuten schon wieder auf. Wenn du auf Nummer sicher gehen willst, dann sind **Januar bis April** die richtigen Monate für dich.

Auch von Mai bis August ist Koh Phangan gut zu bereisen. Die Insel ist etwas leerer als in der Hauptsaison, aber die Temperaturen sind sogar etwas höher. Es gibt zwar hier und da mal einen Regenschauer, aber der Regen ist sehr übersichtlich und meistens herrscht strahlender Sonnenschein.

In den Monaten September bis Dezember fällt am meisten Regen auf Koh Phangan und die Niederschlagsmenge ist um einiges höher als die Monate zuvor. Die Regenschauer können hier also auch mal länger anhalten, als die in Südostasien üblichen Schauer von etwa einer Stunde.

Dennoch sagt die **Regenzeit** nicht aus, dass es andauernd regnet. Nur mehr als üblich. Trotzdem lohnt sich auch eine Reise in der Regenzeit, wenn dir hier und da mal etwas Regen nichts ausmacht. Die Preise sind in dieser **Low Season** nämlich deutlich günstiger. So kannst du manchmal sogar richtige Schnäppchen bei den Hotels machen.

Zum Schluss gibt es Ende Dezember, etwa zu Weihnachten und Silvester, die **Peak Season**. Hier wird die Insel regelrecht von Leuten überrannt und alle Hotels sowie auch die Verleihe der Motorroller erhöhen oft ihre Preise. Wenn du viele Leute kennenlernen willst, dann ist es wohl die richtige Zeit. Ende Dezember fängt langsam die Hauptsaison an, aber du solltest in dieser Zeit noch mit einigen und teilweise langen und heftigen Regenschauern rechnen.

Persönlich kann ich die Zeit **kurz nach der Hochsaison** empfehlen. Die Preise fallen wieder und die Niederschlagsmenge ist immer noch sehr gering. Die Insel ist leer und ruhig (bis auf die Woche der Full Moon Party) und du kannst sie in vollen Zügen genießen.

FLUGZEUG + FÄHRE

Koh Phangan ist eine relativ kleine Insel und besitzt aktuell keinen eigenen Flughafen. Daher enthält jede Anreisemöglichkeit mindestens eine Bootsfahrt. Welche verschiedenen Anbieter es gibt und wie du genau auf die Insel kommst, erfährst du auf den folgenden Seiten.

Die schnellste Anreisemöglichkeit nach Koh Phangan, die meistens auch wiederum die teuerste ist, ist natürlich das Flugzeug. Es gibt 2 Optionen, wie du von Bangkok nach Koh Phangan mit dem Flugzeug kommen kannst:

1. BANGKOK - KOH SAMUI - KOH PHANGAN

Suvarnabhumi International Airport (BKK) – Samui International Airport (USM)

Airlines: Bangkok Airways und Thai Airways
Buchen: In jedem Tourist Office, Reisebüro oder online über die Webseite der Airline
Dauer: ca. 1 Stunde und 10 Minuten
Kosten: 3000–6000 Baht*

Hinweis: Vom Flughafen auf Koh Samui bis zum dem jeweiligen Pier nach Koh Phangan benötigst du noch ein **Taxi bzw. Sammeltaxi**. Du kannst direkt am Flughafen am Schalter ein Taxi chartern. Dieses wird pro Person ca. 100–200 Baht kosten. Das Pier, welches am nächsten zum Flughafen liegt, ist das Bangrak Pier und das Big Buddha Pier.

Koh Samui Bangrak Pier – Koh Phangan Thong Sala Pier

Anbieter: Seatran Discovery
Buchen: In jedem Reisebüro der Insel, teilweise in den Hotels und direkt am Pier
Dauer: ca. 30 Minuten
Kosten: 300 Baht*

Koh Samui Maenam Pier – Koh Phangan Thong Sala Pier

Anbieter: Lomprayah
Buchen: In jedem Reisebüro der Insel, teilweise in den Hotels und direkt am Pier
Dauer: ca. 30 Minuten
Kosten: 300 Baht*

Koh Samui Nathon Pier – Koh Phangan Thong Sala Pier

Anbieter: Songserm Express
Buchen: In jedem Reisebüro der Insel, teilweise in den Hotels und direkt am Pier
Dauer: ca. 50 Minuten
Kosten: 200 Baht*

Koh Samui Nathon Pier – Koh Phangan Thong Sala Pier

Anbieter: Lomprayah
Buchen: In jedem Reisebüro der Insel, teilweise in den Hotels und direkt am Pier
Dauer: ca. 45 Minuten
Kosten: 300 Baht*

Koh Samui Big Buddha Pier – Koh Phangan Haad Rin Pier

Anbieter: Haad Rin Queen
Buchen: In jedem Reisebüro der Insel, teilweise in den Hotels und direkt am Pier
Dauer: ca. 50 Minuten
Kosten: 200 Baht*

2. BANGKOK - SURAT THANI / NAKHON SI THAMMARAT - KOH PHANGAN

Don Mueang International Airport (DMK) – Surat Thani International Airport (URT) – Donsak Pier – Koh Phangan Thong Sala Pier

Airlines: Air Asia und Raja Ferry
Buchen: In jedem Tourist Office, Reisebüro oder online über die Webseite der Airline
Dauer: Flug – 1 Stunde 10 Minuten; Bus – 1 Stunde 30 Minuten; Fähre – 2 Stunden 30 Minuten
Kosten: ca. 1000–2000 Baht*

Don Mueang International Airport (DMK) – Nakhon Si Thammarat Airport (NST) – Donsak Pier – Koh Phangan Thong Sala Pier

Airlines: Air Asia und Raja Ferry
Buchen: In jedem Tourist Office, Reisebüro oder online über die Webseite der Airline
Dauer: Flug – 1 Stunde 10 Minuten; Bus – 1 Stunde 30 Minuten; Fähre – 2 Stunden 30 Minuten
Kosten: ca. 1000–2000 Baht*

Don Mueang International Airport (DMK) – Nakhon Si Thammarat Airport (NST) – Laem Thuat Pier – Koh Phangan Thong Sala Pier

Airlines: Nok Air und Lomprayah
Buchen: In jedem Tourist Office, Reisebüro oder online über die Webseite der Airline

Dauer: Flug – 1 Stunde 10 Minuten; Bus – 1 Stunde 30 Minuten; Fähre – 1 Stunde 30 Minuten
Kosten: ca. 1500–2500 Baht*

Neben diesen Komplettangeboten der Airlines kannst du natürlich auch alles selbst organisieren. Dadurch hast du eine etwas größere Auswahl bei den Flügen. Du musst also nur den Flug mit einer dieser Airlines von Bangkok nach Surat Thani oder Nakhon Si Thammarat buchen.

Außer Air Asia und Nok Air fliegt noch **Thai Lion Air**, mit der ich sehr gute Erfahrungen gemacht habe, nach Surat Thani oder Nakhon Si Thammarat. Dort kannst du auch mal ein Schnäppchen für einen Flug mit einem Preis von 500–600 Baht inklusive 15 Kilo Freigepäck machen.

Hier sind noch ein paar **weitere Fährverbindungen**, falls du den Transport auf eigene Faust organisieren willst und nicht vorab buchst.

Surat Thani International Airport (URT) – Donsak Pier – Koh Phangan Thong Sala Pier

Anbieter: Lomprayah
Buchen: Am Flughafen oder online über die Webseite des Anbieters
Dauer: Bus und Fähre – ca. 3 Stunden und 30 Minuten
Kosten: 700 Baht*

Surat Thani International Airport (URT) – Donsak Pier – Koh Phangan Thong Sala Pier

Anbieter: Raja Ferry
Buchen: Am Flughafen oder online über die Webseite des Anbieters
Dauer: Bus und Fähre – 4 bis 6 Stunden (inkl. Wartezeit)
Kosten: 500 Baht*

* Preise sind für One Way Tickets und variieren möglicherweise je nach Saison. Dies sind nur ungefähre Angaben.

Hinweis: Du kannst die Tickets für die Fähre direkt am **Surat Thani Airport** im Erdgeschoss kurz vor dem Ausgang kaufen. Dort findest du auch weitere Fähranbieter.

Info: Als Alternative für die Anreise mit dem Flugzeug bietet sich auch **Kuala Lumpur** an. Hier gibt es ebenfalls günstige Flüge mit z.B. Air Asia von Kuala Lumpur nach Surat Thani.

ZUG + FÄHRE

Eine weitere sehr beliebte Anreisemöglichkeit ist der Zug von Bangkok nach Surat Thani. Die Strecke führt an einigen schönen Bahnhöfen, wie z.B. dem Bahnhof mit dem königlichen Pavillon in Hua Hin, vorbei. Außerdem ist eine Zugfahrt in Thailand auch immer ein kleines Abenteuer.

1. BANGKOK HUA LAMPHONG (BAHNHOF) - SURAT THANI (BAHNHOF)

Buchen: In jedem Tourist Office, Reisebüro oder direkt am Bahnhof in Bangkok
Dauer: ca. 12 Stunden
Kosten: ca. 700 – 900 Baht* (je nach Klasse des Sitz- bzw. Schlafplatzes)

Hinweis: Empfehlenswert ist der **Nachtzug** von Bangkok nach Surat Thani. So siehst du zwar nicht so viel von der teils wirklich schönen Landschaft, aber sparst dir somit eine Nacht im Hotel und reist in dieser Nacht an deinen neuen Zielort.

2. SURAT THANI (BAHNHOF) - KOH PHANGAN THONG SALA PIER

Surat Thani (Bahnhof) – Donsak Pier – Koh Phangan Thong Sala Pier

Anbieter: Lomprayah
Buchen: Am Bahnhof oder online über die Webseite des Anbieters
Dauer: Bus und Fähre – 3 Stunden 15 Minuten (inkl. Wartezeit)
Kosten: ca. 600 Baht*

Anbieter: Phantip Travel Company und Raja Ferry
Buchen: Am Bahnhof oder online über die Webseite des Anbieters
Dauer: Bus und Fähre – 5 Stunden (inkl. Wartezeit)
Kosten: ca. 375 Baht*

* Preise sind für One Way Tickets und variieren möglicherweise je nach Saison. Dies sind nur ungefähre Angaben.

Achtung: Es gibt auch noch **weitere Anbieter** wie Songserm oder Seatran. Diese lassen sich jedoch nicht online buchen, da die Webseiten oft nicht funktionieren. Am Bahnhof von Surat Thani wirst du diese jedoch auch mit Busservice zum Pier und dann weiter nach Koh Phangan nehmen können. Preise bewegen sich zwischen 400 – 500 Baht* und die Fahrzeit ist etwa 4 Stunden mit Bus und Fähre.

BUS + FÄHRE

Neben dem Zug und Flugzeug kannst du auch mit dem Bus von Bangkok nach Koh Phangan gelangen. Die Fahrt ist eine Kombination aus Busfahrt und Fähre. Hier hast du die Auswahl zwischen Minivans oder großen Reisebussen. Die Reisebusse sind meistens etwas sicherer, da die Minivans öfters rasen. Daher gehe ich in diesem Kapitel nur auf die Reisebusse ein.

Hinweis: Der Bus fährt entweder **über Nacht** und startet ca. 19.30 Uhr in Bangkok und kommt ca. 10.30 Uhr am nächsten Tag auf Koh Phangan an. Oder ein weiterer Bus startet **morgens** 7.00 Uhr in Bangkok und mit einer Ankunft auf Koh Phangan ist am Abend etwa 20.00 Uhr zu rechnen.

1. BANGKOK - SURAT THANI - KOH PHANGAN

Bangkok Sai Tai Mai (Southern Bus Terminal) – Donsak Pier – Koh Phangan Baan Tai Bus Station

Anbieter: Sombat Tours, 999 Government Bus etc.
Buchen: Ticket direkt am Bus Terminal, in einem Tourist Office oder Reisebüro kaufen
Dauer: Bus und Fähre – ca. 15 Stunden (inkl. Wartezeiten)
Kosten: ca. 700–1200 Baht* (VIP-Bus/1. Klasse)

2. BANGKOK - CHUMPHON - KOH PHANGAN

Bangkok Khao San Road – Chumphon Pier – Koh Phangan Thong Sala Pier

Anbieter: Lomprayah
Buchen: Ticket in einem Tourist Office, Reisebüro oder online auf der Webseite des Anbieters kaufen
Dauer: Bus und Fähre – ca. 12 Stunden (inkl. Wartezeiten)
Kosten: ca. 1000 Baht*

* Preise sind für One Way Tickets und variieren möglicherweise je nach Saison. Dies sind nur ungefähre Angaben.

Info: Lomprayah fährt zweimal täglich von Bangkok nach Koh Phangan. Morgens um 6.30 Uhr und abends um 21.00 Uhr. Die Ankunft ist dann entweder um 16.00 Uhr nachmittags oder am nächsten Tag gegen 11.00 Uhr morgens.

Thong Sala Pier

ANKUNFT AUF KOH PHANGAN

1. EIGENE ANREISE

Bis auf die *Haad Rin Queen* von Koh Samui, kommen alle Fähren am Pier in **Thong Sala** an. Hier stehen nun diverse Motorradtaxis und *Songthaews* (Sammeltaxis) bereit, die auf Fahrgäste warten. Der Fahrpreis ist jedoch von der Entfernung abhängig.

Der Transport zu Orten in der **Umgebung** von Thong Sala, wie z.B. Baan Tai, Wok Tum etc. und Thong Sala selbst kostet 100 Baht pro Person. Wenn deine Unterkunft jedoch etwas weiter entfernt liegt, dann werden teils Preise von 200–300 Baht pro Person aufgerufen. Das wären z.B. Haad Salad, Chaloklum oder Thong Nai Pan. Siehe auch Seite 88.

2. ANREISE VOM HOTEL ORGANISIERT

In vielen Hotels, nicht nur der höheren Preiskategorien, gibt es einen **kostenlosen Abholservice** vom Thong Sala Pier. Dies steht meistens schon bei deiner Buchung dabei, so dass du nur deine Ankunftszeit angeben musst.

Wenn du aus dem Boot steigst, dann warten dort schon zahlreiche Fahrer von diversen Hotels mit Schildern auf ihre Gäste. Falls du deinen Namen nicht findest, achte einfach auf den Namen deines Hotels/deiner Unterkunft.

3. MOTORROLLER MIETEN

Wenn du Lust hast, dann findest du auch an der Straße direkt am Pier einige Rollerverleihe. Hier kannst du dir einen Roller für deine Zeit auf der Insel ausleihen und so **eigenständig** zu deiner Unterkunft fahren.

Achte jedoch darauf nicht deinen Reisepass als Pfand zu hinterlegen, denn viele Hotels möchten beim Einchecken eine Kopie deines Reisepasses machen.

Hinweis: Solltest du mit dem Bus aus Bangkok anreisen und bis zur Baan Tai Bus Station fahren, dann warten dort auch Sammeltaxis auf Fahrgäste. Die Preise sind dieselben wie vom Thong Sala Pier und gehen ab 100 Baht pro Person aufwärts los.

03. UNTERKÜNFTE

Bungalows am Haad Rin Nai

ALLGEMEINES ZU UNTERKÜNFTEN

Auf Koh Phangan findest du so gut wie überall einen Schlafplatz. Die vielen Unterkünfte liegen sehr verteilt über die Insel und du kannst somit ebenso einfach ein Hotel in einer sehr ruhigen Gegend, wie auch in einer etwas belebteren Umgebung finden. Die **meisten Unterkünfte** befinden sich jedoch an der Westküste, entlang der Küstenstraße im Süden in Baan Tai oder in Haad Rin.

Einfache Holzbungalows direkt am Strand

Es gibt alle möglichen Kategorien an Unterkünften auf Koh Phangan: von günstigen und einfachen Hostels oder Holzbungalows über Mittelklasse-Hotels bis hin zu exklusiven Boutique-Hotels und Luxusresorts. Viele der Luxusresorts haben sich in der Gegend um Thong Nai Pan angesiedelt, aber vereinzelt findest du sie auch in anderen Teilen der Insel.

Die Preise für Unterkünfte bei all den Möglichkeiten liegen teils sehr weit auseinander. So kannst du eine einfache Unterkunft **ab 500 Baht** pro Nacht oder ein Schlafplatz im Hostel für 150 Baht bekommen, aber genauso gut auch 2000 Baht pro Nacht oder noch viel mehr für ein Hotel der Extraklasse ausgeben.

HAUPT- UND NEBENSAISON

Beim Buchen der Unterkunft spielt es natürlich auch eine Rolle, ob gerade Haupt- oder Nebensaison herrscht. Die Preise sind teilweise **stark von der Saison abhängig** und variieren sehr. Auch die Verfügbarkeit ist in der Hauptsaison geringer als in der Nebensaison.

Selbstverständlich gibt es auch in der Hauptsaison noch freie Unterkünfte, die Auswahl fällt sehr wahrscheinlich nur etwas geringer aus. Außerdem kommt auf Koh Phangan auch noch die **Full Moon Party** hinzu. Während dieser Zeit haben viele Unterkünfte einen **Mindestaufenthalt** von drei Nächten und sind oft im Voraus ausgebucht.

Da die Full Moon Party jeden Monat stattfindet, gibt es immer eine Woche im Monat in der viele Unterkünfte belegt sind. Wenn du in diesem Zeitraum die Insel besuchen willst, dann kann die Auswahl an zur Verfügung stehenden Unterkünften schon etwas kleiner ausfallen.

SPONTAN VOR ORT ODER DOCH VORAB BUCHEN?

Viele Reisende stellen sich die Frage immer wieder, ob sie vor Ort spontan etwas finden oder lieber vorab im Internet eine Unterkunft buchen sollen. In der **Nebensaison** wirst du überall eine freie Unterkunft finden. Hier kannst du oftmals spontan vor Ort auch einen Rabatt für die Unterkunft bekommen, wenn du freundlich mit den Besitzern oder Angestellten verhandelst. Dies funktioniert meistens bei kleineren Unterkünften.

In der **Hauptsaison** und zur Zeit der **Full Moon Party** empfehle ich dir jedoch weit vorher online nach einer Unterkunft zu suchen. Es kann durchaus schwierig werden vor Ort eine angenehme Unterkunft zu finden und die Preise schießen auch in die Höhe.

Persönlich kann ich dir empfehlen einen Blick in die Hotelsuchmaschine Agoda zu werfen, falls du lieber online buchst oder in der Hauptsaison reist. Sie ist die beste Suchmaschine für Unterkünfte in Südostasien und auch auf Koh Phangan findest du viele Hostels, Hotels und Resorts, die ihre Zimmer dort anbieten.

Eine Alternative wäre es die Hotels direkt auf den **eigenen Webseiten** anzuschreiben oder teilweise auch bei **Facebook**. Gerade die besseren Hotels bieten oft die Möglichkeit ein Zimmer direkt über die Webseite zu buchen. Bei persönlichem Kontakt über E-Mail oder Facebook kannst du auch gerne nach einem Rabatt fragen. Falls das Hotel nicht ausgebucht ist, lässt sich vielleicht etwas am Preis machen. Es besteht manchmal die Chance, dass du direkt beim Hotel einen besseren Preis bekommen kannst, als über eine Hotelsuchmaschine oder Buchungsseite. **Vergleiche die Preise** am besten immer.

WOHNUNG ODER HAUS MIETEN

Haus mit 2 Schlafzimmern und Küche

Zwei weitere Wohnmöglichkeiten, die sich lohnen, wenn du mal eine etwas längere Zeit auf Koh Phangan bleiben willst, sind das Mieten einer Wohnung oder eines Hauses. Ich habe dies schon sehr oft gemacht und es lässt sich so **eine Menge Geld** für die Übernachtung sparen.

In einigen Gegenden auf Koh Phangan kannst du kleine Wohnungen, Bungalows oder auch größere Häuser mieten. Viele davon befinden sich in Thong Sala, aber auch in Baan Tai oder den Orten an der Westküste wie Srithanu ist es möglich eine Wohnung oder ein Haus zu mieten.

Dabei gibt es Wohnungen, die in einem Komplex nebeneinander liegen, aber auch viele freistehende Häuser oder einsame Bungalows. Die Wahl bleibt komplett dir überlassen, was dir am meisten zusagt und vor allem wie hoch dein Budget ist.

Der **Monatspreis** variiert sehr stark, je nach Kategorie der Wohnung oder des Hauses. Außerdem macht es auch einen Unterschied beim Preis, ob du eine Klimaanlage oder nur einen Ventilator hast, ob die Wohnung möbliert ist oder nicht sowie ob du Strom und Wasser eventuell noch extra zahlen musst. Meistens starten die Preise bei 3000 bis 4000 Baht, ohne Möbel und ohne Klimaanlage. Der durchschnittliche Preis für eine kleine Wohnung inkl. Möbel, Klimaanlage, Wifi, Strom und Wasser liegt zwischen 7000 bis 8000 Baht. Moderne und große Bungalows starten oft bei 10.000 Baht pro Monat.

Um eine Wohnung zu finden, musst du auf Koh Phangan einfach deine Augen offen halten. Es gibt häufig Schilder auf denen **"Room for rent"** oder **"House for rent"** steht. Dort kannst du dann nach dem Preis fragen und dir vor allem die Unterkunft anschauen. Ein bisschen verhandeln lässt sich die Miete mit Sicherheit auch.

Tipp: Wenn du nicht alleine reist, dann kannst du auch etwas **Geld sparen**, indem du dir den Zimmerpreis teilst. So kannst du dir auch mal ein etwas besseres Hotel/Resort gönnen.

Hinweis: Ich buche zumindest die **ersten Nächte** fast immer vorab, da du nie weißt, wie die Situation zum Zeitpunkt deiner Anreise vor Ort denn wirklich ist. Wenn es dir in deiner Unterkunft gefällt, kannst du dann immernoch vor Ort verlängern.

ONLINE BUCHEN

Ich buche meine Hotels fast immer über www.agoda.de, dies ist die **beste Hotelsuchmaschine in Asien** und dort findest du eigentlich immer ein Zimmer. Ansonsten kann ich dir noch www.booking.com oder www.sawadee.com empfehlen. Hier findest du ebenfalls eine sehr gute Auswahl an Hotels in Thailand.

Zum Buchen eines **Hostels** kann ich dir www.hostelworld.com und www.hostelbookers.com empfehlen.

UNTERKUNFTSEMPFEHLUNGEN

THONG SALA

THE BLUE PARROT BEACH RESORT

Das Blue Parrot Beach Resort liegt in Thong Sala am Baan Tai Beach. Es bietet einen tollen Ausblick auf die Nachbarinsel Koh Samui und das Meer eignet sich auch super zum Schwimmen. Die schön gestaltete Anlage bietet ihren Gästen Bungalows mit Ventilator oder Klimaanlage, Terrasse und Wifi in den öffentlichen Bereichen.

Preisklasse: • •

THE NIDHRA BOUTIQUE RESORT

Das kleine Resort mit 10 Zimmern liegt nur ein paar Meter vom Baan Tai Beach in Thong Sala entfernt. Die hellen Zimmer sind modern eingerichtet und mit kostenlosem Wifi, Balkon, Fernseher, Kühlschrank etc. ausgestattet. Für die Gäste gibt es einen schönen Swimmingpool und das freundliche Personal hilft gerne bei sämtlichen Fragen weiter.

Preisklasse: • • •

PHANGAN ARENA HOSTEL

Das Phangan Arena Hostel (ehemals Blue Dream) erinnert mehr an ein Resort, als an ein typisches Hostel. Es gibt ein Restaurant, eine Bar sowie einen Swimmingpool für die Gäste. Ein super Ort, um viele andere Reisende kennenzulernen und die Insel zu erkunden. Zur Wahl stehen Mehrbett- oder Doppelzimmer und es gibt kostenloses Wifi im ganzen Hostel.

Preisklasse: • bis • • •

BAAN TAI

BAAN TAI BACKPACKERS

Das Hostel liegt zwischen dem Hauptort Thong Sala und Haad Rin. Vor Ort gibt es eine Gemeinschaftslounge sowie eine Terrasse mit Meerblick, wo du andere Reisende kennenlernen kannst. Die sauberen Zimmer sind mit Balkon, Klimaanlage, Kühlschrank und kostenlosem Wifi ausgestattet. Es befinden sich ein ATM und Essensmöglichkeiten in der Nähe.

Preisklasse: •

PHANGAN ORCHID RESORT

Das Resort ist ein toller Ausgangspunkt, um die Insel zu erkunden. Du findest viele Essensmöglichkeiten in der Nähe und in die Hauptorte Thong Sala und Haad Rin ist es nicht weit. Neben sauberen Zimmern mit Klimaanlage, Balkon, kostenlosem Wifi, gibt es einen Swimmingpool für die Gäste. Auch Motorroller können vor Ort angemietet werden.

Preisklasse: • • •

HAAD RIN

MOONSTONE STUDIO

Eine tolle Unterkunft nur wenige Minuten vom Zentrum Haad Rins entfernt. Das familiär geführte Hotel bietet saubere Zimmer mit Balkon, Klimaanlage, kostenlosem Wifi, Kühlschrank, TV etc. mit Aussicht auf Koh Samui. Auch Roller können vor Ort gemietet werden. Die Gastgeber sind sehr freundlich und das Nachtleben kommt in Haad Rin natürlich auch nicht zu kurz.

Preisklasse: • • • **bis** • • • •

COCOHUT VILLAGE BEACH RESORT & SPA

Das Resort besteht aus vielen Bungalows in schöner und ruhiger Lage. Das Zentrum von Haad Rin ist jedoch einfach und schnell zu erreichen. Die Bungalows bieten Balkon, Klimaanlage, kostenloses Wifi, Fernseher sowie ein Frühstück. Das freundliche Personal macht den Aufenthalt angenehm. Die Hotelgäste können zusätzlich noch das Spa und den Swimmingpool nutzen.

Preisklasse: • • • • **bis** • • • • •

BLACK & WHITE BUNGALOWS

Die Bungalowanlage liegt direkt am Strand und bis zum Full Moon Beach sind es auch nur etwa 10 Gehminuten. Das Hotel überzeugt mit geräumigen Zimmern mit Klimaanlage, Balkon, Fernseher, kostenlosem Wifi etc. sowie nettem und hilfsbereitem Personal. Trotz der Lage in Haad Rin ist die Anlage jedoch sehr ruhig.

Preisklasse: • •

SRITHANU

NICE SEA RESORT

Das Nice Sea Resort liegt direkt am Meer und die Bungalows sind durch den schönen weißen Sandstrand zugänglich. Die Zimmer sind entweder mit Ventilator oder Klimaanlage sowie einer Terrasse ausgestattet. Das Restaurant des Resorts bietet leckeres Essen zu fairen Preisen an und bis in den nächsten Ort ist es ebenfalls nicht weit.

Preisklasse: • • • **bis** • • • •

PHANGAN AKUNA

Das etwas abseits gelegene, von Palmen umgebene Hotel überzeugt durch Charme und Ruhe. Die gepflegte Anlage bietet den Gästen Bungalows mit Klimaanlage, Fernseher, kostenlosem Wifi etc. sowie einen Swimmingpool zur Abkühlung. Das freundliche Personal hilft gerne bei allen Fragen weiter. Mit dem Roller ist der Rest der Insel einfach zu erreichen.

Preisklasse: • • • • **bis** • • • • •

CHALOKLUM

MALIBU BEACH BUNGALOWS

Die Malibu Beach Bungalows liegen an einem

der schönsten Strände der Insel. Die Anlage besitzt einen Swimmingpool sowie Bungalows mit wahlweise Ventilator oder Klimaanlage. Außerdem haben die Gäste Zugang zum kostenlosen Wifi. Auch ein Frühstück wird morgens angeboten. In der Nähe findest du in Chaloklum auch viele Restaurants.

Preisklasse: • • • bis • • • •

VIVA ON THE BEACH HOTEL

Das Hotel liegt direkt am Strand in Chaloklum und bietet seinen Gästen Zimmer mit Ventilator oder Klimaanlage, Fernseher, Kühlschrank, kostenlosem Wifi etc. Der italienische Besitzer bietet auch leckere hausgemachte Pizza an. Das freundliche Personal ist sehr hilfsbereit. Sehr gute Ausgangslage direkt vor der Tür für eine Tour zum Bottle Beach.

Preisklasse: • • **bis** • • • •

THONG NAI PAN

DREAMLAND RESORT

Das Resort liegt in der Thong Nai Pan Bucht am größeren Strand. Die sauberen Zimmer sind mit Klimaanlage und Terrasse ausgestattet. Wifi ist in den öffentlichen Bereichen verfügbar. Desweiteren bietet das Dreamland Resort seinen Gästen einen Swimmingpool direkt am Strand an. In der Nähe befinden sich einige Einkaufs- und Essenmöglichkeiten.

Preisklasse: • • **bis** • • • •

PANVIMAN RESORT KOH PHANGAN

Das luxuriöse Resort liegt am Thong Nai Pan Noi, dem kleineren Strand. Den Gästen stehen Zimmer im Hotel oder ganze Bungalows zur Verfügung. Ausgestattet sind sie alle mit Klimaanlage, Minibar, Balkon bzw. Terrasse, kostenlosem Wifi etc. Außerdem bietet das Resort 3 Restaurants mit verschiedenen Speisen für seine Gäste. Eine ruhige Lage, jedoch auch etwas abseits.

Preisklasse: • • • • •

THONGTAPAN RESORT

Am kleineren Strand von Thong Nai Pan liegt auch dieses Resort. Im Gegensatz zu vielen umliegenden Hotels eine günstige Alternative. Die Bungalows für die Gäste sind je nach Preisklasse mit Balkon und Klimaanlage oder Ventilator ausgestattet. Ebenfalls bietet das Hotel vor Ort das Buchen von Schnorcheltouren etc. an. Viele Restaurants findest du auch in der Nähe.

Preisklasse: • • **bis** • • •

HAAD MAE HAAD

WANGSAI RESORT

Das Wangsai Resort liegt am Strand von Haad Mae Haad und verfügt über mehrere Bungalows für seine Gäste. Je nach Preiskategorie gibt es einen Ventilator oder eine Klimaanlage. Kostenloses Wifi ist in allen Zimmern vorhanden. Vom Restaurant kannst du direkt den Strand betreten. Die höher gelegenen Bungalows bieten sogar einen tollen Ausblick auf das Meer.

Preisklasse: • • •

MAEHAAD BAY RESORT

Dieses Resort liegt auf der anderen Seite des Mae Haad Strandes. Die geräumigen Zimmer bieten allesamt einen Balkon, Klimaanlage, kostenloses Wifi, Fernseher etc. In der näheren Umgebung befinden sich weitere Restaurants zum Ausgehen. Weiterhin bietet das Resort seinen Gästen einen großen Swimmingpool in einer ruhigen Umgebung.

Preisklasse: • • • • •

HAAD SALAD

COOKIES SALAD HOTEL

Am Südende vom Salad Beach liegt das Cookies Hotel. Die an einem Hang gebauten Zimmer bieten teilweise Blick auf den Strand und sind alle mit kostenlosem Wifi, TV, Klimaanlage und Balkon ausgestattet. Weiterhin bietet das Hotel einen Swimmingpool sowie ein Restaurant und eine Bar, in der du leckeres Essen und Drinks bekommst.

Preisklasse: • •

SALAD HUT RESORT

Das Salad Hut Resort liegt am feinsandigen Strand des kleinen Ortes. Die mit Klimaanlage, Balkon, Fernseher und kostenlosem Wifi ausgestatteten Zimmer bieten ihren Gästen auch ein Frühstück inklusive. Die kleine Anlage ist sehr ruhig und bietet leckeres Essen im eigenen Restaurant an. Bei Fragen helfen die freundlichen Mitarbeiter gerne.

Preisklasse: • • • •

HAAD YAO

J.B. HUT BUNGALOWS

Die kleine Bungalowanlage liegt 5 Gehminuten vom Haad Salad Beach entfernt. Die günstigen Zimmer sind entweder mit Klimaanlage oder Ventilator ausgestattet. Zudem haben alle eine Hängematte und Blick aufs Meer. Die Inhaberin kümmert sich sehr um ihre Gäste und macht den Aufenthalt angenehm. Auch einen Swimmingpool gibt es für die Gäste.

Preisklasse: • • **bis** • • •

HAAD YAO VILLA

Das direkt am Haad Yao Strand liegende Hotel bietet komfortable Zimmer mit Klimaanlage, kostenlosem Wifi, Balkon, Kühlschrank etc. Der Strand vor dem Hotel ist feinsandig, weiß und neben dem Meer lädt auch der Swimmingpool des Hotels zum Schwimmen ein. Das freundliche Personal hilft bei Fragen und Touren gerne weiter.

Preisklasse: • • •

HIGH LIFE BUNGALOW

Die Bungalowanlage liegt auf einem Hügel und bietet seinen Gästen einen tollen Meerblick. Bis zum Strand sind es nur ein paar Treppen. Der Haad Yao und Haad Son Strand liegen beide in der Nähe. Vor Ort kannst du zur Erkundung Roller im Hotel mieten. Die Zimmer verfügen über Klimaanlage, kostenloses Wifi, Kühlschrank, Fernseher etc.

Preisklasse: • • •

HAAD SON

HAAD SON RESORT

Das Haad Son Resort liegt an der Bucht des gleichnamigen Strandes. Das Hotel bietet seinen Gästen eine saubere und gepflegte Anlage sowie einen Swimmingpool. Die Zimmer sind mit Balkon, Klimaanlage, kostenlosem Wifi etc. ausgestattet. Die angeschlossene Beach Bar Koh Raham eignet sich super für Sonnenuntergänge und zum Schnorcheln.

Preisklasse: • • • **bis** • • • •

HAAD CHAO PHAO

SUNSET COVE RESORT

Das Sunset Cove liegt direkt am schönen Haad Chao Phao Strand. Die ruhige Lage lockt viele Gäste an, die Erholung suchen. Der Swimmingpool überblickt den Strand und lädt zur Abkühlung ein. Die Zimmer sind mit einem Open Air Badezimmer sowie Klimaanlage, Fernseher, Terrasse etc. ausgestattet. Außerdem gibt es kostenloses Wifi im ganzen Resort.

Preisklasse: • • • •

WOK TUM

CYANA BEACH RESORT

Das ruhige Resort liegt nur wenige Minuten vom Hauptort Thong Sala entfernt, an der Westküste der Insel. Der Strand vor Ort eignet sich leider nicht zum Schwimmen, aber es gibt eine tolle Aussicht und einen schönen Swimmingpool. Die Zimmer verfügen alle über Balkon, Klimaanlage, kostenloses Wifi etc. Das Personal hilft gerne bei Fragen und der Rolleranmietung.

Preisklasse: • • • •

THE SHORE RESORT

Das Resort liegt in ruhiger Lage etwas abseits von Thong Sala. Die Zimmer sind mit Klimaanlage, Balkon, Fernseher etc. ausgestattet. Kostenloses Wifi bietet das Resort seinen Gästen in den öffentlichen Bereichen. Der Swimmingpool lädt zum Schwimmen ein. Durch die ruhige Lage solltest du jedoch einen Roller mieten, um die Insel zu erkunden.

Preisklasse: • • • **bis** • • • •

BOTTLE BEACH

BOTTLE BEACH 1 RESORT

Das Bottle Beach 1 Resort liegt in der sehr abgelegenen Bucht des gleichnamigen Strandes. Es führt keine richtige Straße zum Strand und somit kommen alle Gäste per Boot. Das gepflegte Resort bietet seinen Gästen Zimmer mit Ventilator oder Klimaanlage sowie teilweise direkten Blick aufs Meer und ein Restaurant. Ein perfekter Ort zur Erholung.

Preisklasse: • **bis** • • •

Natürlich findest du auf Koh Phangan noch **viele weitere Unterkünfte** als diese aufgelisteten. Sie sollen nur einen kleinen Anhaltspunkt für dich darstellen, damit du von der riesigen Auswahl online nicht gleich überfordert bist.

04. DIE WICHTIGSTEN ORTE

Baan Tai

KOH PHANGAN KARTE (ÜBERSICHT)

THONG SALA

Thong Sala ist der Hauptort von Koh Phangan und zusammen mit Haad Rin das **touristische Zentrum** der Insel. Die Stadt ist zwar relativ klein, jedoch leben die meisten Einwohner der Insel in Thong Sala und Umgebung.

Hier findest du **jede Menge Unterkünfte** von kleinen Gästehäusern, Hostels bis hin zu Mittelklasse-Hotels oder auch Wohnungen. Natürlich gibt es in Thong Sala auch einige Bars, Bäckereien, Cafés und jede Menge Restaurants. Auch die Filialen der Supermarktketten 7-Eleven, Family Mart und Tesco Lotus findest du in Koh Phangans Hauptort.

Besonders viele Touristen und auch lokale Einwohner findest du auf dem täglichen ***Phantip* Nachtmarkt** oder der wöchentlichen ***Walking Street*** (siehe hierzu das Kapitel "Märkte"). Weiterhin findest du ein paar Thaimassagen, Friseure, Apotheken, ein Postamt, Banken, Travel Agencies, eine Touristeninformation und diverse Geschäfte, in denen du Kleidung oder Souvenirs kaufen kannst.

90 % der Gäste auf Koh Phangan kommen in Thong Sala an, da sich hier **mehrere Bootspiere** befinden, die die Insel mit dem Festland, Koh Samui und Koh Tao verbinden. Besonders in der Woche der Full Moon Party wird es in Thong Sala sehr voll und auch der Verkehr nimmt, in der ansonsten eher ruhigen Stadt, deutlich zu.

Du findest grundsätzlich alles in Thong Sala, jedoch hat der Ort nicht viele schöne Strände zu bieten. Im Süden gibt es einen **langen Strand**, an dem sich viele Resorts angesiedelt haben, wo du auch schwimmen gehen kannst. Auch an der Walking Street gibt es einen kleinen Strand, der jedoch oft von kleinen Booten genutzt wird.

Die **schöneren Strände** liegen jedoch nicht allzu weit entfernt an der Westküste der Insel. Du kannst sie schnell und einfach mit einem Motorroller oder Sammeltaxi besuchen (siehe Kapitel "Strände" auf Seite 39).

THONG SALA KARTE

HAAD RIN

Haad Rin liegt im Südosten von Koh Phangan und ist neben Thong Sala der zweite Ort, an dem Besucher die Insel erreichen können. Von hier fährt die ***Haad Rin Queen*** zum *Big Buddha Pier* auf Koh Samui und zurück.

Bekannt ist Haad Rin vor allem für die monatlich stattfindende ***Full Moon Party*** am Hauptstrand des Ortes. Die meisten Besucher Haad Rins sind vor allem Backpacker. Neben den Resorts am Strand gibt es sehr viele Hostels in dem kleinen Ort. Auch findest du hier die meisten Möglichkeiten, um auf Koh Phangan **feiern zu gehen**, denn am Strand findet jeden Abend eine Party statt (mehr zum Nachtleben findest du ab Seite 105).

Im Ort selbst findest du alles, was du brauchst. Es gibt jede Menge Restaurants, Bars, Supermärkte, Bäckereien, Thaimassagen, Friseure, ATMs, Apotheken, kleine Kliniken etc. Auch kannst du dir in Haad Rin einen Motorroller ausleihen, um die Insel zu erkunden.

Neben seinen Partys hat Haad Rin vor allem einige **wunderschöne Strände** zu bieten. Den großen ***Haad Rin Nok***, auch als *Sunrise Beach* bekannt, mit puderfeinem weißen Sand, wo die Full Moon Partys stattfinden. Den

Haad Rin Nai im Westen, der sich zwar nicht so gut zum Schwimmen eignet, aber zum Genießen von schönen Sonnenuntergängen. Der dritte Strand wäre der traumhafte ***Haad Seekantang***, aufgrund des ansässigen Resorts auch als *Leela Beach* bekannt.

Wenn du noch weitere Strände entdecken willst, kannst du vom Haad Rin Nok (Sunrise Beach) ein Longtailboot zu den auf Koh Phangan noch **wenig besuchten Stränden** im Osten wie *Haad Yuan*, *Haad Yao (Ost)* etc. nehmen. Mehr dazu auch auf Seite 56.

Haad Rin außerhalb der Full Moon Party

ANFAHRT:

Um von Thong Sala nach Haad Rin zu gelangen, musst du der **Hauptstraße** durch Baan Tai entlang der **Südküste** einfach nur folgen. Der Weg auf eigene Faust über Koh Phangan nach Haad Rin ist nicht der einfachste, da es hier zum Ende **viele Kurven und sehr steile Berge** gibt. Es ist wohl die gefährlichste Straße der Insel und wenn du diese entlang fährst, dann sei **immer vorsichtig** und vorausschauend. Es gibt eine Menge Leute, die diese steilen Berge auch hoch und runter rasen, weswegen dort auch schon mal ein paar Unfälle passieren.

Nichtsdestotrotz ist es eine wunderschöne Strecke, die dir von Zeit zu Zeit **grandiose Aussichten** auf Koh Phangan und auch die Nachbarinsel Koh Samui offenlegt. Wenn du mit dem Motorroller unterwegs bist und etwas vorausschauend fährst, dann wirst du auch hier sicher an dein Ziel kommen. Ansonsten bleibt immer das Sammeltaxi, um nach Haad Rin zu gelangen.

HAAD RIN KARTE

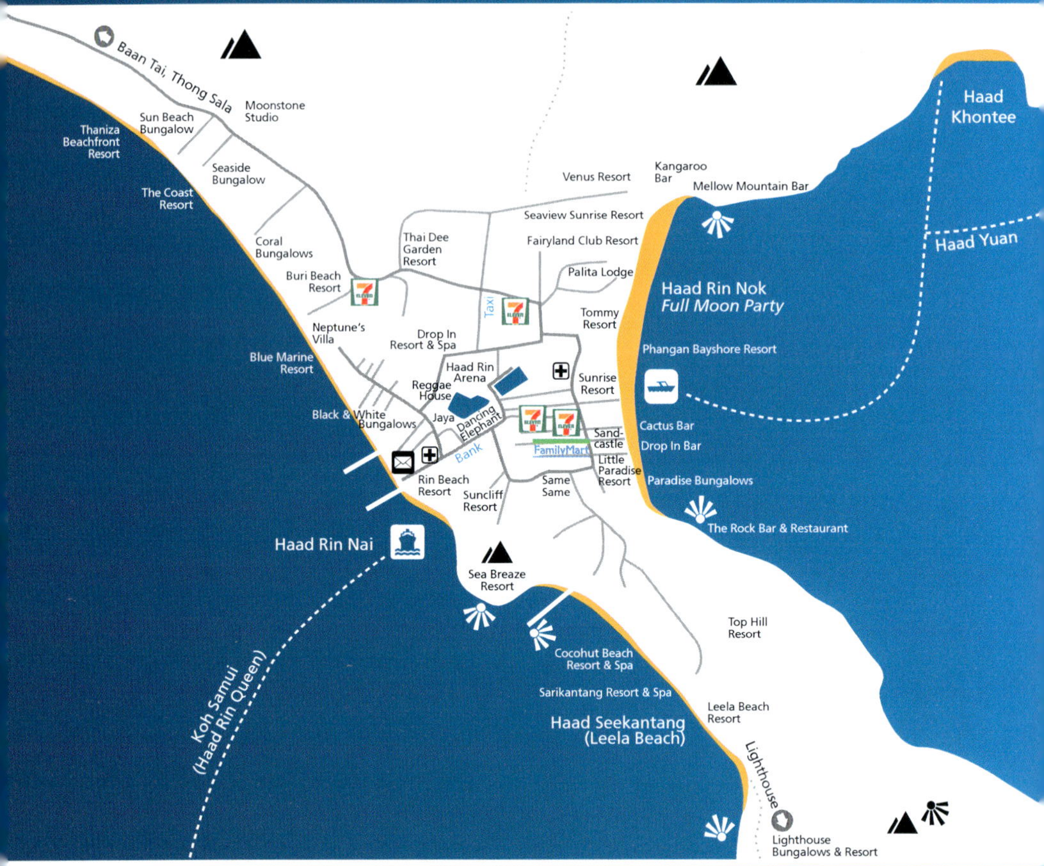

LEGENDE:

Strand	Krankenhaus	Bootspier/Bootstransfer
Berge/Hügel	Post	Hafen/Fährtransfer
Viewpoint	Unbefestigte Straße/ Wanderweg	

BAAN TAI & BAAN KHAI

Die Orte Baan Tai und Baan Khai sind nicht wirklich voneinander getrennt und gehen **fließend ineinander über**. Niemand weiß so recht, wo welche Ortschaft davon anfängt und welche aufhört.

Die beiden Orte ziehen sich etwa **8 Kilometer** weit über die Küstenstraße im Süden der Insel und bieten jede Menge **Unterkünfte**. Von einfachen Gästehäusern und Hostels bis zu höherpreisigen Hotels und Resorts wird den Gästen hier einiges geboten.

Weiterhin findest du hier viele Tempel, Supermärkte, Massagen, Krankenhäuser, Restaurants, Bars, Banken und kleinere Geschäfte, in denen du Kleidung und sonstige Gebrauchsgegenstände kaufen kannst.

Der **Strand**, der sich mehr oder weniger die komplette Küste entlang zieht, ist zwar nicht überall der beste zum Schwimmen, aber bietet eine **fantastische Aussicht** auf den Golf von Thailand und die Nachbarinsel Koh Samui.

Wenn du auf der Suche nach einer guten **Party** bist, dann sind Baan Tai und Baan Khai auch genau richtig für dich! Verteilt über mehrere Kilometer, befinden sich hier viele Veranstaltungsorte für Partys außerhalb der berühmten Full Moon Party. Da wären z.B. das *Half Moon Festival*, die *Jungle Experience*, die *Ban Sabai Party*, der *Infinity Beach Club* und einige mehr. Mehr dazu findest du ab Seite 111.

ANFAHRT:

Eine richtige Anfahrtsbeschreibung nach Baan Tai/Baan Khai wirst du nicht benötigen. Die beiden Orte liegen direkt an der **Küstenstraße** im Süden der Insel. **Zwischen den Hauptorten** Thong Sala und Haad Rin kommst du automatisch durch die Ortschaften. Sie sind nicht so richtig ausgeschildert, aber wenn du links und rechts jede Menge Unterkünfte und Geschäfte siehst, dann hast du dein Ziel erreicht.

SRITHANU

Srithanu liegt an der **Westküste** von Koh Phangan und ist ein sehr ruhiger und entspannter Ort, der nicht viel Nachtleben bietet. Nichtsdestotrotz ist er einer der beliebtesten Orte auf der Insel.

Im Dorfzentrum findest du einige Restaurants mit thailändischer, westlicher und auch veganer Küche. Ebenfalls gibt es viele weitere kleine Geschäfte mit z.B. Kleidung, Supermärkte, Bars, Obst- und Gemüseshops, Bäckereien, Apotheken, eine Klinik, Cafés u.v.m.

Weiterhin bietet Srithanu eine **tolle Strandlage**, da das Dorf direkt an der Küste und somit am Ozean liegt. Mit *The Challenge* am Laem Son Lake findest du auch etwas für Abenteuerlustige.

Srithanu ist jedoch vor allem bekannt für seine zahlreichen **Yoga- und Retreatzentren** sowie das reichliche Meditations- und Detox-Angebot. Viele Yogis und Anhänger der Meditation lassen sich in dem Dorf nieder. Da viele Yogis auch auf ihre Gesundheit und Ernährung achten, gibt es in Srithanu auch ein großes Angebot an **vegetarischem und veganem Essen**, wie sonst nirgendwo auf Koh Phangan.

ANFAHRT:

Der Weg nach Srithanu ist grundsätzlich sehr einfach. Aus Koh Phangans Hauptort Thong Sala gibt es im Endeffekt **2 Möglichkeiten**.

Die erste Option wäre die Fahrt über die **Küstenstraße im Westen** von Koh Phangan. Hier fährst du vor dem *Phantip* Nachtmarkt die Straße nach Norden hinein. An der Kreuzung nach der kleinen Brücke biegst du am Family Mart nach links ab. Du musst dieser Straße aus Thong Sala nun **etwa 7 Kilometer** folgen. Mit dem Roller solltest du nicht länger als 15 Minuten brauchen.

Bei der **zweiten Möglichkeit** biegst du in die Straße nach Norden vor dem *Tesco Lotus* Supermarkt ab. Dieser Straße folgst du nun ebenfalls **etwa 7 Kilometer**, bis auf der linken Seite eine Straße nach Srithanu kommt. Hier findest du das *Evolution Yogi Café* auf der linken Seite und biegst hier nach links ab. Nun folgst du der Straße weitere 500 Meter und bist dann im Zentrum von Srithanu.

Haad Yao

WEITERE ORTE AUF KOH PHANGAN

Neben den vorher genannten Orten gibt es auf Koh Phangan noch eine Reihe kleinerer Orte und Dörfer. Diese bieten ebenfalls Unterkünfte, Restaurants, Bars etc. Hier findest du eine kurze Zusammenfassung

CHALOKLUM

Im Norden der Insel liegt der **Fischerort** Chaloklum. Hier gibt es neben schönen Stränden, wie dem ***Malibu Beach***, auch jede Menge **Seafood Restaurants** in der Ortsmitte. Außerdem gibt es einen 7-Eleven und ein paar weitere kleine Läden.

Desweiteren gibt es in Chaloklum auch einen kleinen schönen Tempel, den ***Wat Chaloklum***, einige Tauchschulen, Thaimassagen und viele Unterkünfte. Ein ruhiger Ort, von dem du super durch die Inselmitte in den Süden oder entlang der Küste an die Strände im Westen kommst.

THONG NAI PAN

Im **Nordosten** liegt das Dorf Thong Nai Pan. Es ist aufgeteilt zwischen den beiden Hauptstränden *Thong Nai Pan Yai* (groß) und *Thong Nai Pan Noi* (klein). Am kleineren Strand befindet sich eine Straße mit einigen Restaurants, Massagen und Supermärkten sowie vielen luxuriösen Resorts.

Auch am größeren Strand Thong Nai Pan Yai führt eine Straße durch das Dorf. Hier findest du ebenfalls Restaurants, Supermärkte, Massagen und einige Bungalowanlagen, die direkt am Strand liegen.

MAE HAAD

An der **Nordwestküste** liegt das kleine Dorf Mae Haad, direkt am *Haad Mae Haad* Strand mit der Insel *Koh Ma*. Neben einem **kleinen Wasserfall** findest du hier einige Unterkünfte, Restaurants, Bars und kleine Supermärkte.

HAAD SALAD

Am gleichnamigen Strand gibt es ein kleines Dorf an der **Westküste** Koh Phangans. Hier findest du einige kleine Supermärkte, Restaurants, Bars sowie ein paar Tauchschulen. Am Strand haben sich einige Resorts niedergelassen und bieten tolle Unterkünfte mit wunderschönem Ausblick aufs Meer.

HAAD CHAO PHAO

Das kleine Dorf liegt kurz **hinter *Srithanu*** und besteht im Endeffekt nur aus einem kurzen Stück der Straße an der Westküste. Es gibt im sehr ruhigen Ort mehrere Unterkünfte entlang des Strandes, die bekannte *Pirates Bar*, ein paar Supermärkte, die auch Dinge wie Kleidung etc. anbieten und einige Restaurants.

WOK TUM

Das Dorf Wok Tum liegt ein paar Kilometer **nördlich von Thong Sala** an der Westküste. Es ist ein wirklich kleines Dorf mit ein paar Restaurants und Unterkünften. In der Nähe befinden sich außerdem das *PACS* (Phangan Animal Care for Stray), der ***Wat Khao Noi*** und eine Minigolfbahn.

HIN KONG

Ein kleines Stück **weiter als *Wok Tum***, ebenfalls an der Westküste gelegen, steht das Dorf Hin Kong. Mehr als ein paar Unterkünfte und Bars sind hier jedoch nicht zu finden. Dafür liegen die Bars direkt am Strand. Er eignet sich zwar nicht zum Schwimmen, dafür aber umso besser für einen **tollen Sonnenuntergang** auf Koh Phangan.

Haad Chao Phao

Hin Kong

HAAD YAO

Auch Haad Yao ist ein kleiner Ort an der **Westküste** der Insel mit einem traumhaften Strand. Dort findest du einige schöne Strandbars und Massagen sowie zahlreiche Resorts, die sich direkt am Haad Yao Beach befinden. Im Dorf selbst gibt es kleine Supermärkte und ein paar Restaurants.

Than Sadet Beach

05. STRÄNDE

STRÄNDE AN DER WESTKÜSTE VON KOH PHANGAN

Entlang der kompletten Westküste der Insel erstrecken sich eine ganze Reihe von sehenswerten und teils **traumhaften Stränden**. Die meisten sind hervorragend zum Schwimmen geeignet und an einigen findest du sogar eine kleine Unterwasserwelt zum **Schnorcheln** vor. Oft liegen diese Strände eingebettet in wunderschönen Buchten und sind von einigen Hotelanlagen umgeben. Ein paar von ihnen sind sehr gut besucht, während andere wiederum **herrlich einsam** sind und nur wenige Gäste aufweisen.

Der Haad Mae Haad mit Blick auf Koh Ma

NAI WOK UND PLAI LAEM BEACH

Im Südwesten gibt es ein paar kleinere und nicht ganz so schöne Strandabschnitte, kurz nach Thong Sala Richtung Norden. Dort am Nai Wok und Plai Laem Beach haben sich einige Hotels wie das *Baan Manali* oder *Beck's Resort* angesiedelt. Die Strände haben etwas grobkörnigeren Sand und das Wasser ist oftmals leider nicht so klar. Hier kannst du aber **tolle Sonnenuntergänge** genießen oder Kajaktouren zu der vor der Küste liegenden Insel *Koh Tae Nai* unternehmen.

HIN KONG UND WOK TUM BEACH

Ein kleines Stück weiter die Küste in Richtung Norden liegen der Hin Kong und Wok Tum Beach. Ebenfalls **nicht so gut zum Schwimmen** geeignet. Hier findest du jedoch eine Reihe Unterkünfte und einige **Sunset Bars**, die sich sehr gerne zum späten Nachmittag füllen, um den Sonnenuntergang an der Westküste zu betrachten.

HAAD SRITHANU UND LAEM SON BEACH

Die beiden Strände Haad Srithanu und Laem Son Beach liegen im Ort Srithanu an der Westküste der Insel und gehen nahtlos ineinander über. Die Strände sind richtig schön: **weißer Sand, sehr wenige Besucher** und wirklich **tolles Wasser**. Ein paar Resorts haben sich hier angesiedelt, aber trotzdem ist es sehr ruhig. Leider gibt es jedoch keine richtigen Schattenplätze, so dass du in der prallen Sonne Thailands unbedingt auf deinen Sonnenschutz achten solltest.

Srithanu Beach (Haad Srithanu)

HAAD CHAO PHAO

Der Haad Chao Phao ist recht **wenig besucht** und befindet sich zwischen dem Ort *Srithanu* und dem *Haad Son Beach*. Der etwa einen halben Kilometer lange Strand überzeugt durch feinen Sand und sehr klares Wasser. Vor Ort befinden sich ein paar Unterkünfte am Strand wie z.B. das *La Dolce Vita*, durch die du den Chao Phao Beach sehr gut erreichen kannst. Das Wasser fällt sehr flach ins Meer ab und um wirklich schwimmen zu können, musst du ein paar Meter weiter aufs Wasser hinaus. Für **Kinder also auch super geeignet**. Die Bucht des Haad Chao Phao eignet sich außerdem durch das vorgelagerte Riff auch zum **Schnorcheln**.

Chao Phao Beach (Haad Chao Phao)

Secret Beach (Haad Son)

HAAD SON - SECRET BEACH

In einer kleinen Bucht an der Westküste der Insel liegt der Haad Son, der auch als "Secret Beach" beschildert ist. Ein richtiger Geheimtipp ist er jedoch leider nicht mehr. Es gibt **ein Resort und ein kleines Restaurant** am Strand, aus dem manchmal leise Musik zu hören ist. Der Strand ist wirklich sehr klein, aber ein Traum. Kristallklares Wasser, feiner weißer Sand und zum Schwimmen bestens geeignet. Nur wenn Ebbe herrscht, musst du etwas weiter hinaus, um schwimmen zu können. Die **Nachteile** dieser kleinen Bucht sind jedoch, dass es wenige Schattenplätze gibt

und der Strand während der Hochsaison auf Koh Phangan fast schon zu gut besucht ist.

Sonnenuntergang vor Koh Raham

Am nördlichen Ende des Strandes gibt es außerdem noch das etwas größere *Haad Son Resort*, welches an der Spitze eine tolle Bar mit dem Namen ***Koh Raham*** besitzt. Hier kommen besonders viele Besucher zum **Sonnenuntergang** hin, aber auch ansonsten kannst du dort ein paar Getränke oder etwas zu Essen kaufen. Außerdem kannst du von dort direkt ins Wasser springen, denn es ist ein super **Schnorchelspot**, bei dem immer viele Fische zu sehen sind (siehe auch auf Seite 126).

Haad Yao

HAAD YAO

Ebenfalls im Westen der Insel liegt der Haad Yao Beach. Aber aufgepasst: Es gibt einen gleichnamigen Strand im Osten der Insel, der nur mit einem Boot zu erreichen ist. Der Haad Yao an der Westküste bietet feinen, weißen Sand und einige Hotels, Bars sowie Massagen direkt am Strand.

Leider sind auch hier nur wenige Plätze im Schatten vorhanden. Das Wasser ist jedoch sehr klar und etwa 400 Meter vor der Küste liegt ein **Riff**, welches sich super zum Schnorcheln eignet. Besonders in der Nebensaison ist der mit Palmen gesäumte Strand relativ leer und **perfekt zum Entspannen**.

HAAD THIAN

Die kleine Bucht, in der der Haad Thian liegt, wird sehr **wenig besucht**. Der Strand ist zwar sehr einsam, aber leider kein Paradies. Der Sand ist nicht ganz so fein und im Wasser liegen sehr viele und große Steine, so dass das Schwimmen nicht wirklich viel Spaß macht. Am Strand selbst gibt es ein paar Resorts mit angeschlossenen Restaurants und Bars, in denen du Getränke oder Snacks kaufen kannst.

HAAD SALAD

Der Haad Salad liegt in einer Bucht des gleichnamigen Ortes und ist nicht allzu groß. Trotz der vielen ansässigen Resorts ist er eigentlich nie überfüllt und du findest immer ein **einsames Plätzchen**. Hier findest du eine ruhige Atmosphäre vor, die zum Genießen einlädt. Das Wasser ist wunderschön klar und der Sand sehr fein und weiß. Ein paar Meter weiter draußen auf dem Meer gibt es außerdem eine **schöne Sandbank**, die an dem leuchtend türkisenen Wasser zu erkennen ist.

Haad Salad

Mae Haad Beach (Haad Mae Haad)

HAAD MAE HAAD UND KOH MA

Der Haad Mae Haad mit seiner vorgelagerten Insel Koh Ma ist bei Besuchern auf Koh Phangan sehr beliebt und deswegen **teilweise sehr gut besucht**. Der Strand ist jedoch weitläufig, so dass er nicht so voll aussieht. Es gibt ein paar Bungalowanlagen direkt am Strand sowie ein Restaurant und einige Thaimassagen mit Blick aufs Meer. Der Sand ist etwas gröber und das Wasser nicht so tief, da der Strand an den meisten Stellen sehr flach abfällt. Wenn du aber ein paar Meter weiter hinaus schwimmst, kannst du hier ein wenig **schnorcheln** und Fische beobachten.

Das Besondere an diesem Strand ist natürlich die **Insel *Koh Ma***, die über eine Sandbank zu erreichen ist. Du kannst einen kleinen Spaziergang zur Insel machen und von dort den tollen Blick auf Koh Phangan und den Haad Mae Haad genießen.

ANFAHRT:

Alle in diesem Kapitel erwähnten Strände liegen an der Westküste von Koh Phangan und sind grundsätzlich **sehr einfach zu erreichen**. Es gibt eine **Küstenstraße**, die komplett von Thong Sala im Süden nach Mae Haad im äußersten Nordwesten führt. Entlang dieser reiht sich ein Strand an den nächsten. Manchmal sind die Einfahrten etwas versteckt oder du musst **durch ein Resort** hindurch an den Strand gehen. In den meisten Fällen weist dich jedoch ein Schild auf den Strand hin.

STRÄNDE AN DER NORDKÜSTE VON KOH PHANGAN

Die Nordküste bietet nicht so viele Strände wie die Westküste von Koh Phangan, dafür sind diese wenigen aber wunderschön. Sie eignen sich sehr gut zum Schwimmen und sind oft **sehr ruhig und wenig besucht**.

Malibu Beach

Chaloklum Beach (Haad Chaloklum)

HAAD CHALOKLUM

Im **größten Ort des Nordens** von Phangan liegt der Chaloklum Beach. Es ist ein ruhiger Ort mit einem wunderschönen Strand. Die Idylle wird manchmal jedoch durch die abfahrenden Longtailboot zum *Bottle Beach* (siehe nächste Seite) und die Fischerboote an dem großen Pier getrübt. Ansonsten ist das Wasser sehr klar, der Strand traumhaft weiß und sehr flach. Leider befinden sich hier so gut wie keine Schattenplätze am Wasser, so dass der Strand **oftmals wenig besucht ist**.

MALIBU BEACH

Der Malibu Beach ist einer der **schönsten Strände** von Koh Phangan. Feiner, weißer Sand, glasklares Wasser und eine fantastische Aussicht auf die Berge der Insel. Er liegt auf einer kleinen Halbinsel am gleichnamigen *Malibu Beach Resort*, die du über eine Brücke erreichen kannst. Vor Ort gibt es eine kleine Bar, die dich mit Essen und Getränken versorgt. Ein **toller Ort zum Entspannen** und Schwimmen. In der Hauptsaison kann es hier jedoch sehr voll werden.

Chaloklum Beach (Haad Chaloklum)

Der traumhafte Malibu Beach

Haad Khom (Coral Bay)

HAAD KHOM

Der Haad Khom ist ein **sehr ruhiger Strand** in einer kleinen Bucht ein paar Kilometer von Chaloklum entfernt. Hier findest du ein paar Resorts am Strand, aber oft nur sehr wenige Besucher. Die ruhige Atmosphäre macht diesen Strand aus. Der Sand ist fein und das klare Wasser gut zum Schwimmen oder Baden geeignet. Der Haad Khom wird auch oft als ***Coral Bay*** bezeichnet, da vor der Küste einige Korallen liegen und die Unterwasserwelt sich gut zum **Schnorcheln** anbietet.

HAAD KHUAT - BOTTLE BEACH

Etwas abgelegen im Norden befindet sich der kaum über Land zu erreichende Haad Khuat. Es führt zwar eine unbefestigte Straße dorthin, diese ist aber für Rollerfahrer fast nicht zu bewältigen. Für viele Reisende ist dieser Strand besser bekannt unter dem Namen Bottle Beach. Er ist einer der **bekanntesten Strände** von Koh Phangan. Fast alle Besucher kommen mit **Longtailbooten** an diesen Strand. Trotz der Bekanntheit ist der Strand **nie überfüllt**. Der Sand ist sehr fein sowie weich und das Wasser nach ein paar anfänglichen Steinen wirklich super. Dann gibt es auch auf dem Grund nur feinen Sand. Zum **Schwimmen** bestens geeignet, da es gleich ein bisschen tiefer ins Wasser geht. Vor Ort befinden sich ebenfalls ein paar Resorts, in denen du dich einquartieren oder bei einem Besuch einfach in eines der Restaurants gehen kannst, um etwas zu essen oder ein kühles Getränk zu genießen.

Bottle Beach (Haad Khuat)

ANFAHRT:

Alle beschriebenen Strände liegen im Norden von Koh Phangan **unweit des Ortes *Chaloklum***. Es gibt mehrere Anfahrtsmöglichkeiten, zwei einfache will ich hier beschreiben.

Die erste Option wäre es die **Küstenstraße** (siehe Westküste Anfahrt Seite 44) nach *Haad Mae Haad* und *Koh Ma* bis zum Ende zu fahren. An der Einfahrt zum Haad Mae Haad folgst du der Kurve nach rechts und musst dann einfach immer der Straße in Richtung Chaloklum folgen. Nachdem du den Berg hinunter fährst, sind es noch wenige Minuten bis du auf der linken Seite das *Malibu Beach Resort* mit dem gleichnamigen Strand siehst. Folgst du dieser Straße weitere 5 Minuten, kommst du in Chaloklum an. An der **Kreuzung am 7-Eleven** fährst du nach links, rechts geht es durch die Inselmitte nach Thong Sala. Jetzt kommst du zum Haad Chaloklum. Zum Haad Khom kommst du wenn du an derselben Kreuzung der Kurve nach rechts folgst und sofort die nächste Straße links einbiegst (sozusagen an der Kreuzung geradeaus). Am Ende der befestigten Straße kannst du links ins *Coconut Beach Bungalows* hineinfahren und dort deinen Roller parken. Dann geht es die Treppe hinab und du bist am Strand.

Die zweite Möglichkeit wäre es die **große Straße durch die Inselmitte** zu nehmen. Hier fährst du von Thong Sala im Süden nach dem *Tesco Lotus* nach links. Rechts geht es in Richtung Baan Tai und Haad Rin. Dieser Straße folgst du nun etwa **15–20 Minuten** und kommst schließlich in Chaloklum an. Du kannst dich auf dem Weg am *Slip N Fly* sowie dem **chinesischen Tempel** orientieren, an denen du vorbeifährst. In Chaloklum kommst du an der vorher beschriebenen **Kreuzung mit dem 7-Eleven** an. Wenn du jetzt nach rechts abbiegst und bis zum Ende der Straße fährst, bist du am Haad Khom. Wenn du geradeaus weiter fährst am Haad Chaloklum und wenn du der Linkskurve folgst, siehst du nach etwa 5 Minuten auf der rechten Seite das *Malibu Beach Resort* mit dem Malibu Beach.

Zum *Haad Khuat (Bottle Beach)* kommst du am einfachsten, wenn du vom Haad Chaloklum oder Haad Khom ein **Longtailboot** anmietest und dich mit diesem Wassertaxi dort hinbringen lässt. Die Fahrt dauert etwa 15 Minuten und kostet 150 Baht pro Person (One Way). Ich würde empfehlen gleich ein Ticket für Hin- und Rückfahrt zu kaufen, denn du musst auch wieder zurückkommen. Vor Ort warten dann jede Menge Fahrer wieder auf Gäste für den Rückweg. Mehr zu Longtailbooten findest du auch im Kapitel "Transport vor Ort" auf Seite 90.

STRÄNDE AN DER SÜDKÜSTE VON KOH PHANGAN

An der Südküste von Koh Phangan gibt es auch einige Strände, die sich fast die komplette Küste entlang verteilen. Sie bieten allesamt eine **wunderbare Aussicht** auf die Nachbarinsel Koh Samui und zu bestimmten Jahreszeiten einen **fantastischen Sonnenuntergang**. Bis auf den Strand im Südosten und einige Stellen des *Baan Tai Beach* sind sie jedoch nicht so gut zum Schwimmen geeignet.

Leela Beach (Haad Seekantang)

Baan Khai Beach

HAAD BAAN TAI

Die beiden Strände Haad Baan Tai und Haad Baan Khai sind in der Mitte nur durch ein **Bootspier** getrennt. Der Haad Baan Tai beginnt schon in Thong Sala und geht bis zum Bootspier in Baan Tai. Wenn nicht gerade Ebbe herrscht, kannst du hier gut schwimmen gehen. Besonders schön ist die **Sandbank** ein paar Meter vom *Ku Club* im *Beach Village Resort* entfernt. Sie reicht weit ins Meer und du kannst auf ihr mit Blick auf Koh Samui spazieren gehen oder dich ins Wasser setzen und das Meer genießen.

Aussicht vom Baan Tai Beach

HAAD BAAN KHAI

Der Haad Baan Khai eignet sich dagegen etwas weniger zum Schwimmen, da du hier schon ziemlich weit hinaus müsstest. Der Strand ist wie der Baan Tai Beach etwas grobkörniger, aber trotzdem noch fein genug, um sich in den Sand zu legen. Leider gibt es an den beiden Stränden auch **sehr wenige Schattenplätze**. Meistens sind die Strände auch sehr leer, da die meisten Besucher der Insel zu schöneren Stränden fahren.

HAAD BANGSON

Der Haad Bangson ist ein kleiner Strandabschnitt, der sich leider auch nicht zum Schwimmen anbietet. Hier findest du zwar einige Resorts am Strand und eine **schöne Aussicht auf Koh Samui**, aber mehr hat der Strand leider nicht zu bieten.

HAAD RIN NAI

Einer der drei Strände in Haad Rin ist der Haad Rin Nai, auch als *Sunset Beach* be-

Ausblick vom Steg auf den Leela Beach

kannt. Der Strand hat nicht ganz so feinen Sand und eignet sich daher auch nicht gut zum Schwimmen. Dafür hast du hier, wie der Name schon sagt, einen tollen Spot für den **Sonnenuntergang**. Auch einige Resorts liegen an diesem Strandabschnitt.

HAAD SEEKANTANG – LEELA BEACH

Haad Seekantang liegt ebenfalls im Ort Haad Rin im Südosten der Insel und ist auf Koh Phangan besser unter dem Namen Leela Beach bekannt. Dieser Name stammt vom ansässigen *Leela Beach Resort*. Der Strand selbst ist bis auf ein paar Gäste des Resorts sowie der kleinen Bungalowanlage nebenan relativ leer und bietet eine **tolle Aussicht** auf Koh Samui. Der Sand ist sehr fein und richtig schön weiß. Das Wasser ist sehr klar und eignet sich gut zum Schwimmen.

Am östlichen Ende kannst du außerdem noch über einen Steg zum **kleinen Leuchtturm** von Koh Phangan gehen, wo ab und zu auch Lighthouse Partys stattfinden (siehe auch auf Seite 118). Vom Steg hast du einen **schönen Ausblick** auf den Leela Beach und ebenfalls auf Koh Samui.

ANFAHRT:

Die genannten Strände liegen alle entlang der **Küstenstraße**, die von Thong Sala nach Haad Rin führt. Den Haad Baan Tai findest du versteckt hinter einigen Resorts wie dem *Da Kanda Villa Beach Resort*, *First Villa Beach Resort* und am östlichen Ende hinter dem *Lom Talay* Restaurant. Kurz nach dem Pier beginnt dann der Abschnitt des Baan Khai Strandes. Auch diesen findest du hinter einigen Resorts wie dem *Hansa Resort* oder dem *Mac's Bay Resort*. Am Ende macht die lange Straße eine **große Rechtskurve**, der du folgen musst.

Kurz bevor es die erste richtig **steile Straße** nach Haad Rin hinauf geht, siehst du einige Resorts auf der linken und rechten Seite wie z.B. das *Jamaica Inn* oder *Sun Sea Resort*. Hinter diesen liegt der *Haad Bangson*.

Nach weiteren 10 Minuten Fahrt, die Berge rauf und runter, kommst du in **Haad Rin** an. Fahre hier besonders vorsichtig (siehe auch Seite 103 und 146). Nun folgst du der Straße einfach bis zum **zweiten 7-Eleven**. Geradeaus befindet sich der *Haad Rin Nok (Full Moon Beach)*.

Du fährst stattdessen nach rechts und nimmst dann abermals eine Rechtskurve vorbei an der **Polizeistation**. Nun folgst du der Straße nach links vorbei am *Drop In* Resort und biegst an der nächsten Kreuzung nach rechts ab. Jetzt kommst du an das **Pier** in Haad Rin. Auf der rechten Seite befindet sich der *Haad Rin Nai (Sunset Beach)*.

Vom Pier fährst du die Straße wieder in die Ortschaft Haad Rin hinein. Die erste Straße biegst du nach rechts ab und folgst ihr mit einer Linkskurve den **Berg hinauf**. Dann geht es wieder ein kleines Stück bergab und du biegst ebenfalls rechts ab. Dieser Straße folgst du nun bis zum Ende und kommst am wunderschönen *Leela Beach* an.

STRÄNDE AN DER OSTKÜSTE VON KOH PHANGAN

Die Ostküste von Koh Phangan bietet fast genauso viele Strände, wie die Westküste der Insel. Die meisten Strände sind jedoch **schwer zugänglich** und nur mit einem **Boot** zu erreichen. Dadurch sind sie meistens sehr einsam und ruhig. Du kannst dort leicht ein kleines Stück Paradies nur für dich selbst finden. Schwimmen kannst du an fast allen Stränden sehr gut und das Wasser ist meistens sehr klar, türkis und einfach angenehm.

Haad Rin Nok (Full Moon Beach)

Thong Nai Pan Yai

THONG NAI PAN

Der Ort Thong Nai Pan liegt im Nordosten von Koh Phangan und hat zwei Strände. ***Thong Nai Pan Yai*** (der Große) und ***Thong Nai Pan Noi*** (der Kleine). Am **kleineren Strand** Thong Nai Pan Noi findest du viele luxuriöse Resorts und teilweise sehr viele Leute am Strand. Der **größere Strand** Thong Nai Pan Yai ist dagegen oft leer. Es gibt ein paar wenige Bungalowanlagen, Bars und Restaurants, aber du bist meistens fast alleine am Strand. Der Sand ist fein, weich und der Strand ist sehr flach abfallend. Zum richtigen Schwimmen musst du ein paar Meter aufs Meer hinaus. Die Wasserqualität ist ebenfalls sehr gut, auch wenn es durch den dunkleren Untergrund nicht ganz so klar ist.

THAN SADET BEACH

Der Haad Than Sadet liegt am berühmten ***Than Sadet Wasserfall***, der auch schon vom thailändischen König *Bhumibol* besucht wurde. Da es nur wenige Unterkünfte an dem Strand gibt und er doch etwas abgelegen vom Rest der Insel ist, findest du hier **viel Ruhe** und einen meistens leeren Strand vor. Die Bucht des Haad Than Sadet ist zwar etwas steinig, aber durch die tollen Farben des Wassers sieht es oft sehr paradiesisch aus.

HAAD THONG RENG

In einer kleinen Bucht neben dem Haad Than Sadet liegt der kleine Strand des Haad Thong Reng. Er ist traumhaft schön mit klarem Was-

Than Sadet Beach

Der einsame Strand von Haad Thong Reng

ser und feinem Sand. Viele Besucher kommen nicht an diesen Strand, weswegen du höchstwahrscheinlich **alleine den Strand genießen** kannst. Es gibt hier eine verlassene Bungalowanlage, die eigentlich nie bewohnt ist und ansonsten keine weiteren Anlagen am Strand. Du solltest dir also etwas zu essen und trinken mitnehmen. Durch seine Abgelegenheit ist der Haad Thong Reng auf jeden Fall noch ein **Geheimtipp**!

ANFAHRT:

Nach Thong Nai Pan und zum Haad Than Sadet gelangst du durch die Straße, die vom Ort **Baan Tai** durch die **Inselmitte** von Koh Phangan führt. Die Einfahrt findest du in Baan Tai in Richtung Haad Rin auf der linken Seite vor dem 7-Eleven (siehe auch Tour 3 auf Seite 99). Dieser Straße folgst du etwa 7 Kilometer immer die Berge hoch und runter. Dann kommst du an einem **Kreisverkehr** an. Wenn du geradeaus für etwa 4 Kilometer der Straße folgst, dann kommst du nach *Thong Nai Pan*. Die Strände sind dort ausgeschildert. Wenn du im selben Kreisverkehr die zweite Ausfahrt nimmst, also nach rechts abbiegst und der Straße etwa 1–2 Kilometer folgst, dann kommst du am *Haad Than Sadet* an. Den *Haad Thong Reng* erreichst du, wenn du vom Haad Than Sadet am südlichen Ende (rechts) über die **Holzbrücke** vorbei an den Bungalows gehst. Danach musst du zwischen den Bungalows den Berg hoch gehen und auf der anderen Seite wieder hinunter.

HAAD YANG

Der abgelegene und naturbelassene Haad Yang ist ein **einsamer** feiner Sandstrand. Die mit Palmen gesäumte Küste bietet ein paar Schattenplätze und das klare Wasser ist ideal zum Schwimmen. Es gibt keine Unterkünfte oder Shops vor Ort, weshalb du unbedingt etwas zu trinken und essen mitbringen solltest.

HAAD YAO (EAST)

An dem ansonsten einsamen Haad Yao (East) liegen zwei kleine Bungalowanlagen. Der feine Sand und das türkisfarbene Wasser laden zum Schwimmen ein. Jedoch kann es zu manchen Jahreszeiten hier zu **stärkeren Wellen** kommen. Umgeben von grünen Hügeln, findest du hier ein kleines Stück **einsames Paradies** auf Koh Phangan.

HAAD WAI NAM

Die von Felsen umsäumte Bucht des Haad Wai Nam überzeugt durch **ruhige Idylle**, feinen Sand und klares Wasser. Vor Ort gibt es ein Resort, das Unterkünfte anbietet und seinen eigenen Strom produziert, d.h. es ist nicht mit 24 Stunden Strom am Tag zu rechnen. Für ein paar abgelegene Tage eignet sich dieser Strandabschnitt aber hervorragend.

HAAD THIAN (EAST)

Dieser Strand liegt ebenfalls in einer ruhigeren Bucht. Hier dreht sich eigentlich alles um **Yoga und Meditation**. Es gibt sehr viel Ruhe und nur wenige Unterkünfte. Zu Fuß kannst du zum naheliegenden *Haad Yuan* laufen.

HAAD YUAN

Der Haad Yuan liegt etwa 3 Kilometer nördlich von Haad Rin und eignet sich das ganze Jahr über zum Schwimmen. Hier gibt es einige Unterkünfte und sehr viel Ruhe. Bis auf Samstag, wenn die **Partys** in der *Eden Garden Bar* angesagt sind und am Freitag die Party in der *Guys Bar* ist, ist der Haad Yuan mit seinem teils Hippie-Vibe sehr ruhig.

HAAD KHONTEE

Die Bucht des Haad Khontee kannst du vom *Haad Rin Nok* schon sehen. Sie liegt ein kleines Stück nördlich des berühmten Full Moon Beaches. Hier gibt es außer einem schönen Strand eigentlich nichts: keine Bungalowanlage und meistens auch keine Besucher.

ANFAHRT:

Alle diese Strände an der Ostküste sind mit dem **Motorroller** so gut wie nicht zu erreichen. Du kannst von Haad Rin aber zu einigen zu Fuß durch den **Dschungel** wandern (nicht empfehlenswert, wenn du dich nicht auskennst). Am besten ist die Anfahrt mit einem **Longtailboot** vom *Haad Rin Nok* (siehe nächster Strand). Dort liegen am rechten (südlichen) Ende des Strandes viele Longtailboote. Du kannst dir dort also ein Boot anmieten und an die schwer zu erreichenden Strände im Osten fahren. Der Preis beläuft sich auf 200–300 Baht pro Person (One Way).

Haad Rin Nok (Full Moon Beach)

HAAD RIN NOK (FULL MOON BEACH)

Der Strand Haad Rin Nok ist wohl besser bekannt als der *Full Moon Beach* bzw. *Sunrise Beach*, da hier die **berühmten Partys** stattfinden und auf dieser Seite auch die Sonne aufgeht. Trotzdessen ist er bis auf diese Partys sehr sauber. Der Strand selbst liegt im **gleichnamigen Ort** Haad Rin und hat unglaublich weißen Sand. Es ist mit der weißeste und feinste Sand, den es auf Koh Phangan gibt. Das Wasser ist auch angenehm und lädt zum Baden ein. Die rechte Seite des Strandes ist jedoch nicht zum Schwimmen geeignet, da hier viele Longtailboote anlegen. Von hier starten nämlich die Touren zu den umliegenden Stränden.

ANFAHRT:

Siehe **Anfahrt Südküste** Seite 51/52 bis zum zweiten 7-Eleven. Geradeaus liegt nun das *Tommy Resort*, wo du deinen **Roller parken** und den Haad Rin Nok Beach besuchen kannst. Einen weiteren Parkplatz findest du, wenn du nach dem 7-Eleven die Kurve nach rechts fährst (am Tommy Resort vorbei) und danach gleich links abbiegst. Wenn du dieser kleinen Straße nun um die Rechtskurve folgst, dann findest du auf der linken Seite das *Sunrise Resort*. Hier kannst du ebenfalls deinen Roller kostenlos abstellen. Auch wenn du nicht dort übernachtest und Schilder darauf hinweisen, dass der Parkplatz nur für Gäste des Resorts ist: wirklich kontrollieren tut es kaum jemand.

06. MÄRKTE

Essensverkäufer auf der Walking Street

Wie in fast jedem Ort in Thailand, findest du auch auf Koh Phangan einige Märkte. **Nachtmärkte**, **Walking Streets** und **Festivals** finden regelmäßig auf der Insel statt. Hier liste ich dir einmal auf, welche Märkte wann und wo stattfinden:

PHANTIP NACHTMARKT

Im Zentrum von Thong Sala neben dem 7-Eleven befindet sich der Phantip Nachtmarkt. **Jeden Abend** gibt es einen überdachten Foodcourt und davor zahlreiche Stände und Shops, die diverse Gerichte anbieten.

Gegrillte Fleischspieße

Auch tagsüber befinden sich zwar einige Stände vor Ort, doch erst gegen späten Nachmittag füllt sich der Platz komplett. Das riesige Essensangebot wird mit ein paar wenigen Ständen mit Souvenirs oder Sonnenbrillen ergänzt.

Hier findest du neben jeder Menge Thai Food auch Sandwiches, Burger, Pizza oder Kebab.

Eingang zum Phantip Nachtmarkt

Einige Stände bieten Tische zum Essen an oder du kannst dich in den überdachten Teil setzen. Du kannst ebenfalls alle Gerichte mitnehmen und in deiner Unterkunft essen.

Ort: Im Zentrum von Thong Sala, neben dem 7-Eleven.
Wann: täglich ca. 16.00–23.00 Uhr

WALKING STREET THONG SALA

Jeden Samstagnachmittag verwandelt sich die *Talad Kao Road* in Thong Sala zur wöchentlichen Walking Street. Sie beginnt kurz nach *Nira's Bakery* in der Nähe des Piers und führt durch die "Altstadt" von Thong Sala.

Während der Walking Street gibt es hier keine Fahrzeuge und der ganze Markt wird zu einer Fußgängerzone. Hier findest du neben diversen thailändischen Köstlichkeiten und leckeren Fruchtshakes auch unzählige weitere Stände mit Souvenirs, Schmuck, Kleidung, Antiquitäten und vieles mehr.

Du kannst auf der Walking Street gemütlich entlang schlendern, dir etwas zum Essen kaufen und einfach mal einen thailändischen Markt erleben. Nicht verpassen!

Tipp: Teilweise sind am Strand ein paar Tische und Stühle aufgebaut und es gibt **Live-Musik**. Ein toller Ort, um das Essen von der Walking Street zu verzehren.

Ort: Talad Kao Road in Thong Sala.
Wann: samstags von ca. 16.00–22.00 Uhr

BIG C MARKET

Auf der Straße zwischen Thong Sala und Haad Rin befindet sich ein großer *Big C* Supermarkt. Vor diesem werden **dreimal die Woche** etliche Stände mit Kleidung und Essen aufgebaut. Hier findest du auch einige Stände von der Walking Street wieder. Der Markt ist immer sehr gut besucht und vorbeischauen lohnt sich.

Ort: Vor dem Big C in Thong Sala.
Wann: Montag, Mittwoch und Freitag 16.00–22.00 Uhr

MARKT AM 7-ELEVEN

In Thong Sala gegenüber des *Big A* Marktes und neben dem ersten 7-Eleven auf der Hauptstraße nach Baan Tai, gibt es einen weiteren Markt. Hier findest du einige Stände der *Walking Street* oder auch des Marktes am Big C wieder. Es gibt ein paar Souvenirs zu kaufen, jede Menge Essen und öfters eine kleine Bühne mit **Live-Musik**, die du bei einem kühlen Drink genießen kannst.

Ort: Thong Sala, gegenüber von Big A.
Wann: Dienstag, Donnerstag und Sonntag 16.00–22.00 Uhr

WEITERE MÄRKTE UND FESTIVALS

In Thong Sala findet in einer kleinen Seitenstraße in der Nähe des Phantip Marktes **täglich ein kleiner Markt** statt, bei dem du frisches Gemüse, Gewürze sowie Fisch und Fleisch zum selber kochen kaufen kannst.

Desweiteren gibt es in unregelmäßigen Abständen **Festivals** auf Koh Phangan. Diese finden meistens auf dem Gelände eines **Tempels** statt. Dort gibt es allerhand Stände mit Kleidung, jede Menge zu Essen und Trinken sowie eine Bühne mit **Live-Musik**. Die Festivals ziehen sowohl Touristen als auch Einheimische an und sollte eines dieser Feste in deiner Zeit vor Ort stattfinden, dann wirst du dies über Plakate oder von den Einheimischen mit Sicherheit erfahren.

Verkaufsstände auf einem Tempel-Festival

Wat Samai Kongka

07. TEMPEL

Koh Phangan hat nicht nur Strände und Märkte, sondern auch jede Menge Tempel zu bieten. **Mehr als 20 Stück** kannst du verteilt über die Insel besuchen. Die meisten dieser Tempel sind natürlich, wie in Thailand üblich, **buddhistisch** geprägt.

Damit du während deines Aufenthaltes auf Koh Phangan ein wenig Kultur erleben kannst, stelle ich dir hier die wichtigsten und schönsten Tempel vor.

Wat Khao Noi

GODDESS OF MERCY (CHINESISCHER TEMPEL)

Der chinesische Tempel ist wahrscheinlich der **schönste Tempel** von Koh Phangan. Die Anlage wurde sehr liebevoll und mit vielen Details am Hang eines Berges erbaut. Neben den verschiedenen Buddha-Statuen finden sich hier auch tolle Verzierungen der Gebäude mit Statuen von Drachen und chinesischen Kriegern.

Bei gutem Wetter und klarem Himmel bietet sich dir außerdem eine **herrliche Aussicht** auf die *Chaloklum* Bucht in Richtung Norden. Der "Legende" nach wurde der Tempel erbaut, weil eine Amerikanerin im Traum eine Vision hatte. Sie wurde von einem chinesischen Buddha damit beauftragt einen Leuchtturm für die Seefahrer zu bauen, da diese die Insel bei Dunkelheit nicht erkennen konnten. Weil bei der Finanzierung des Projektes aber so viel Geld zusammen kam, wurde aus dem Leuchtturm gleich eine ganze Tempelanlage.

Ort: Auf der Straße durch die Inselmitte von Thong Sala nach Chaloklum. Die Einfahrt ist von Thong Sala kommend links.
Wann: täglich (8.00 bis 17.00 Uhr)
Eintritt: 40 Baht

Aussicht vom chinesischen Tempel auf die Bucht von Chaloklum

WAT PAH SAENG THAM

Dies ist ein weiterer Tempel der Insel. Schön anzusehen mit vielen buddhistischen Statuen und einer größeren, etwas versteckten **Buddha-Statue im Dschungel**, die du nach ca. 100 Stufen erreichen kannst.

Das Gebäude rund um den Chedi des Tempels ist momentan leider noch im Bau. Die Fertigstellung dürfte aber nicht mehr allzu lange dauern.

Es ist zwar eine kleine Anlage, die aber definitiv ihren eigenen Charme besitzt und sich nicht weit weg von dem **chinesischen Tempel** befindet. Hier kannst du auf dem Weg in den Norden einen kurzen Zwischenstopp einlegen.

Ort: Kurz nach dem chinesischen Tempel von Thong Sala in Richtung Chaloklum.
Wann: täglich
Eintritt: kostenlos

WAT KHAO NOI

Auch *Wat Phu Khao Noi* geschrieben. Diese Tempelanlage ist die **älteste auf Koh Phangan** und liegt etwas außerhalb von Thong Sala. Der Name bedeutet übersetzt so viel wie "Tempel des kleinen Berges", was insofern passend ist, da der Tempel auf einem kleinen Hügel liegt.

Im Tempel findest du eine etwas größere Buddha-Statue und einen weißen Chedi. Wenn du den Tempel am Vormittag besuchst, kannst du vor Ort auch auf einige **Mönche treffen**, mit denen du dich gerne etwas unterhalten kannst.

Ort: Auf der Straße zwischen Inselmitte und Küstenstraße (etwa 3 km nach Thong Sala) in Baan Wok Tum Richtung Norden auf der linken Seite. Ein Schild weist dir den Weg.
Wann: täglich (7.00 bis 18.00 Uhr)
Eintritt: kostenlos

WAT KHAO THAM

Diese Tempelanlage befindet sich ebenfalls auf einem Berg und bietet eine **wunderschöne Aussicht** über Koh Phangan und Koh Samui in der Ferne. Neben einigen kleineren Chedis und Buddha-Statuen befindet sich hier auch ein **Meditationszentrum**, in dem du etwa 10 Tage lang unterkommen kannst.

Der größte Teil dieser monatlichen Retreats wird schweigend abgehalten. Die Besucher dieses Zentrums wohnen, leben und meditieren auf der Tempelanlage. Eine tolle Sache, wie ich finde. Mehr Infos findest du unter: www.watkowtahm.org

Ort: Auf einem Hügel in Baan Tai, die Einfahrt ist kurz nach der großen Tankstelle und vor dem Baan Tai Pier auf der linken Seite in Richtung Haad Rin. Ein Schild weist dir den Weg.
Wann: täglich
Eintritt: kostenlos

WAT PHO

Nicht zu verwechseln mit dem Wat Pho in **Bangkok**. Eine kleine schöne Tempelanlage, nicht weit entfernt des Ortes Baan Tai mit goldenen Buddha-Statuen und einer Pagode.

Hier werden auch dem Namen entsprechend Massagen und ein **traditionelles Kräuterheilbad**, oft als Sauna bezeichnet, angeboten. Dieses wird von Mönchen nach alten antiken Rezepten hergestellt und ist sehr gut für den Körper.

Ort: Auf der Straße von Baan Tai nach Thong Nai Pan auf der rechten Seite.
Wann: täglich (Sauna 15.00–18.00 Uhr)
Eintritt: kostenlos (Sauna 50 Baht, Massage 150 Baht)

WAT CHALOKLUM

Ein etwas kleinerer, aber nicht weniger schöner Tempel ist der Wat Chaloklum. Eine ruhige Anlage inmitten des kleinen Fischerdorfes. Hierher verirren sich nicht so viele Besucher, deswegen wirst du bei einem Besuch höchstwahrscheinlich alleine sein. Der in **weiß gehaltene Tempel** mit diversen Verzierungen und *Naga*-Statuen ist aber definitiv einen kurzen Besuch wert.

Ort: In Chaloklum Richtung Westküste auf der linken Seite direkt an der Straße, zu erkennen am Tempeleingang.
Wann: täglich
Eintritt: kostenlos

WAT MADUEA WAN

In der Nähe des ***Phaeng Wasserfalls*** befindet sich der Wat Maduea Wan. Eine größere Tempelanlage, auf deren Gelände ab und zu auch **Festivals** stattfinden. Neben einigen Tempelgebäuden führt eine Treppe, die von langen *Naga*-Statuen umschlossen ist, auf einen Hügel hinauf.

Oben angekommen, findest du ebenfalls einen kleinen *Mondop* mit einer weißen Buddha-Statue und einer Replika eines Fußabdrucks von Buddha vor. Von der Treppe hast du übrigens auch einen **wunderschönen Ausblick** auf das Tempelgelände und die vielen Palmen von Koh Phangan.

Ort: Auf der Straße in der Inselmitte Richtung Chaloklum. Fahre in Richtung Phaeng Wasserfall (ausgeschildert mit "Phang") und statt der Hauptstraße nach rechts zu folgen, fährst du geradeaus weiter. Der Tempel liegt auf der rechten Seite.
Wann: täglich
Eintritt: kostenlos

Es gibt, wie oben geschrieben, noch **viele weitere kleine Tempel**, wie z.B. den *Wat Srithanu*, *Wat Ampawan*, *Wat Ratcharoen*, *Wat Thong Nai Pan* etc. Es gibt jedoch keine wirklichen Informationen zu diesen Tempeln. Wenn du welche auf einer Tour über Koh Phangan entdeckst, kannst du dir diese gerne spontan anschauen. Solange du dich an die Verhaltensregeln hältst, bist du in jedem Tempel willkommen.

VERHALTENSREGELN

Nicht nur in den Tempeln auf Koh Phangan, sondern in ganz Thailand solltest du den **Buddhismus respektieren**. Das heißt möglichst keine Tanktops oder als Frau etwas tief Ausgeschnittenes tragen und immer die Schultern bedecken. Auch zu kurze Shorts solltest du vermeiden, sondern die Knie bedecken und immer vor dem Betreten eines Tempelgebäudes die Schuhe ausziehen. Bitte halte dich daran, denn du bist Gast in diesem Land und solltest die Religion sowie die Sitten respektieren. Mehr dazu auf Seite 150.

Im chinesischen Tempel

08. Weitere Sehenswürdigkeiten

Aussicht auf den Haad Salad

Die Insel Koh Phangan besitzt nicht nur eine Reihe traumhafter Strände und faszinierender Tempel. Es gibt noch viel mehr zu sehen, wie z.B. **Wasserfälle und Aussichtspunkte**. Die schönsten halte ich in diesem Kapitel für dich fest.

PHAENG WATERFALL

Der Phaeng Wasserfall ist Teil des ***Than Sadet Nationalparks***, der sich über Koh Phangan erstreckt. Es ist einer der meistbesuchten Wasserfälle. Besonders in der Regenzeit und kurz danach trägt der Phaeng Wasserfall eine Menge Wasser und bietet an seinem Fuß einige **Schwimmbecken** für eine Abkühlung an. Doch auch während der Trockenzeit kannst du eine Abkühlung nehmen, wenn du den Wasserfall weiter hinaufwanderst.

Ort: Der ausgeschilderte Phaeng Wasserfall liegt auf der Straße zwischen Thong Sala und Chaloklum. Vom Eingang bzw. Parkplatz zum eigentlichen Wasserfall sind es in etwa 300 Meter über einen sehr ausgetretenen und leichten **Pfad durch den Dschungel**. Du brauchst dafür also kein festes Schuhwerk und kannst den Wasserfall ohne Probleme auch in Flip Flops erreichen.

DOMESILA VIEWPOINT

Der Domesila Aussichtspunkt bietet einen **fantastischen Ausblick** auf Koh Phangan und die nicht weit entfernt liegende Insel Koh Samui. Oft bist du beim Erreichen des Viewpoints der einzige Besucher und kannst die Aussicht in aller Ruhe genießen.

Ort: Der Aufstieg zum Domesila Viewpoint beginnt am Fuß des Phaeng Wasserfalls und dauert in etwa 15 Minuten. Festes Schuhwerk ist hier von Vorteil, aber kein Muss. Der Pfad den Berg hinauf ist relativ ausgetreten und es gibt einige Seile, an denen du dich festhalten und orientieren kannst.

Aussicht auf Koh Phangan und Koh Tae Nai

PARADISE WATERFALL

Ein weiterer schöner Wasserfall von Koh Phangan ist der Paradise Wasserfall. Ein wirklich kleiner, aber **sehr ruhiger Wasserfall** inmitten vom Dschungel. Nicht wirklich viele Touristen verirren sich hierher. In der Trockenzeit gibt es jedoch wenig Wasser. Trotzdem kannst du dich in den Wasserfall setzen, die Ruhe sowie die Natur genießen und einfach mit einer kleinen Abkühlung abschalten.

Ort: Der Paradise Waterfall liegt auf der Straße von Thong Sala nach Chaloklum. Kurz vor Chaloklum im Norden der Insel gibt es auf der rechten Seite (von Thong Sala kommend) kleine Schilder, die auf den Eingang zum Wasserfall hinweisen.

Than Sadet Waterfall

THAN SADET WATERFALL

Der Than Sadet ist der **berühmteste** Wasserfall der Insel. Dies liegt daran, dass hier schon einige Könige Thailands (sowie auch der letzte König *Bhumibol*) dem Wasserfall einen Besuch abgestattet haben. Der Than Sadet liegt im gleichnamigen Nationalpark und zieht sich über **mehrere Kilometer** bis an die Ostküste der Insel. Dort mündet er am *Than Sadet Beach* in den Ozean. Während der Trockenzeit trägt er etwas weniger Wasser, ist aber dennoch einen Besuch wert.

Ort: Der Than Sadet Wasserfall liegt auf dem Weg durch die Inselmitte nach Thong Nai Pan. Hier fährst du am Kreisverkehr nach rechts und folgst einfach der Straße den Berg hinunter. Es gibt einige Aussichtspunkte und Zugänge, um den Wasserfall zu besuchen.

BIGGEST YANG NA TREE

Der Biggest Yang Na Tree auf Koh Phangan ist ca. **14 Meter hoch** und eine der etwas unscheinbaren Sehenswürdigkeiten der Insel. Ursprünglich wurden diese Bäume zum Herstellen von Latex und zum Schutz der Reisfelder verwendet, daher auch der thailändische Name. Dieser Baum wurde jedoch in Ruhe

Aussicht vom Koh Ma Viewpoint

gelassen, damit er wachsen kann. Er kann bis zu **700 Jahre** alt werden.

Ort: Du kannst dem Biggest Yang Na Tree einen Besuch abstatten, wenn du auf der Strecke zwischen Baan Tai und Thong Nai Pan bist. Du wirst ihn mit seiner Höhe schon von Weitem erkennen, außerdem ist er beschildert. Er liegt direkt an der Straße.

KOH MA VIEWPOINT

Der Koh Ma Viewpoint ist kein offizieller Aussichtspunkt auf Koh Phangan. Ich habe ihn zufällig entdeckt und er ist daher ein **Geheimtipp**. Die Aussicht ist dafür aber umso grandioser und du kannst den Strand von *Haad Mae Haad* sowie die Sandbank, die nach *Koh Ma* führt, von hier sehen. Ein Ausflug lohnt sich.

Ort: Der Viewpoint liegt zwischen Haad Salad und Haad Mae Haad auf der Straße an der Westküste. Von Thong Sala die Küste entlang kommend, folgst du in Haad Salad der Straße rechts weiter bis zur nächsten Kreuzung. Hier biegst du links ab und fährst einen Hügel hinunter. Am Ende erwartet dich eine kleine Brücke. Vor dieser musst du nach links abbiegen. Dies ist ein Sandweg auf den Berg mit vielen Schlaglöchern und Rillen vom Regenwasser. Entweder du lässt deinen Roller stehen und gehst ca. einen Kilometer zu Fuß oder du fährst vorsichtig mit dem Roller die Straße geradeaus. Auf der rechten Seite gibt es dann ein kleines Haus und wenn du links weiter den Berg hoch gehst, hast du nach etwa 100 Metern den Aussichtspunkt erreicht.

HAAD SON VIEWPOINT

Ein kleiner aber **wunderschöner Aussichtspunkt** mit Ausblick über die Weite des Golfs von Thailand und der kleinen Bucht von Haad Son mit türkisfarbenem Wasser. Einfach traumhaft!

Ort: Dieser Aussichtspunkt ist auch nicht ausgeschildert und zunächst leicht zu übersehen, wenn du dich mit dem Roller in Richtung des Haad Son Strandes aufmachst. Du findest ihn auf dem letzten Berg vor dem Haad Son kurz nach dem *Sea Garden 2 Hotel*. Hier hältst du einfach auf der linken Straßenseite am Rand an. Sei aber vorsichtig beim Parken deines Rollers. Dort findest du auch eine Übersichtskarte von Koh Phangan.

Aussicht auf Haad Son und Koh Raham

Aussicht auf Thong Nai Pan

HAAD SALAD VIEWPOINT

Der Aussichtspunkt auf die Bucht von *Haad Salad* ist ebenfalls kein ausgeschilderter Viewpoint, aber absolut **lohnenswert**. Die traumhafte Aussicht auf die kleine Bucht mit ihrem türkisfarbenem Wasser und palmengesäumtem Strand ist wirklich herrlich.

Ort: Zwischen *Haad Yao* und *Haad Salad* befindet sich auf einem Berg das ***Peppercorn Restaurant***. Die Einfahrt findest du gegenüber dem Hinweisschild zum *Haad Thian*. Wenn du aus dem Süden der Insel kommst, fährst du also rechts die Straße hinauf. Nach etwa 100 Metern kannst du einfach mit deinem Roller stehen bleiben und die Aussicht von hier genießen.

THONG NAI PAN VIEWPOINT

Der Thong Nai Pan Aussichtspunkt ist einer der **schönsten der Insel**. Von hier hast du eine faszinierende Aussicht auf die Bucht von *Thong Nai Pan* und die beiden Strände, die in dieser liegen. Bei dem Besuch dieses Viewpoints bist du mit höchster Wahrscheinlichkeit alleine vor Ort, da dies noch ein kleiner Geheimtipp ist.

Ort: Der Aussichtspunkt liegt am **Ende des Ortes *Thong Nai Pan*** (nach dem großen Strand). Wenn du im Ort ankommst, fährst du bis zum Ende durch. Dort endet die große Straße und es führt ein kleiner Weg auf den **Hügel hinauf**, dem du weiter folgst. Rechts geht nun eine Einfahrt zu einem Privatgebäude ab. Du kannst oben deinen Roller parken und die Aussicht genießen.

Info: Alle in diesem Kapitel aufgelisteten Sehenswürdigkeiten sind **kostenlos** für Besucher.

Slip N Fly

09. AKTIVITÄTEN

TAUCHEN UND SCHNORCHELN

Koh Phangan und der Golf von Thailand sind ein wunderbarer Ort, um zu schnorcheln, tauchen oder das Tauchen zu erlernen. Es gibt **zahlreiche Tauchgebiete** um die Insel herum, ein farbenreiches Riff an der Westküste und bekannte Dive Sites wie z.B. der *Sail Rock* sind auch nur 20 Kilometer entfernt.

Die Insel wird vor allem auch immer beliebter für **Tauchkurse**, da die Kurse nicht so überfüllt mit Teilnehmern wie z.B. auf der Nachbarinsel Koh Tao sind. Oft sind nur bis zu 4 Personen in den Gruppen und der Tauchlehrer kann sich besser auf die Schüler einstellen und ihnen helfen.

Auch gibt es auf der Insel, vor allem entlang der Westküste, einige Plätze zum **Schnorcheln**. Besonders viele Fische findest du am Felsen vor der *Koh Raham* Bar des *Haad Son Resorts*. Auch *Haad Mae Haad* und seine vorlagernde Insel *Koh Ma* sind ein beliebter Schnorchelplatz (siehe auch Seite 44 und 77).

BELIEBTE DIVE SITES

An der Westküste der Insel sowie zwischen Koh Phangan und Koh Tao gibt es einige Tauchplätze, die von vielen Tauchschulen angefahren werden.

KOH MA

Dies ist eine kleine Insel im Nordwesten, die über eine Sandbank mit Koh Phangan verbunden ist. Hier kannst du **vom Strand aus** Tauchen und Schnorcheln gehen oder eine Bootstour machen. Vor Ort gibt es einige Fischschulen, Barsche, Barrakudas und weite Korallen zu sehen. **Tiefe:** max. 24 Meter

HAAD CHAO PHAO, HAAD YAO UND HAAD SALAD

Entlang dieser drei Strände befindet sich ein **langes Korallenriff** mit einigen bunten Fischen. Du kannst hier sowohl vom Strand tauchen gehen, als auch Bootstouren machen. **Tiefe:** max. 19 Meter

KOH TAE NAI & KOH TAE NOK

Vor dem Pier von Thong Sala liegen zwei kleine Inseln. *Koh Tae Nai* (die kleinere) und *Koh Tae Nok*. Du kannst mit lokalen Booten dorthin fahren. Im Wasser gibt es Steinkorallen, kleinere Fische und mit Glück siehst du auch gelegentlich **Riffhaie**. **Tiefe:** max. 19 Meter

SAIL ROCK

Dies ist einer der **bekanntesten Tauchplätze** im Golf von Thailand. Ein Felsen, der zwischen Koh Phangan und Koh Tao liegt und eine Vielfalt der Unterwasserwelt bietet. Die **Steilwand** des Felsens fällt bis zu 35 Meter ab und es gibt mehrere Kamine, durch die du hindurch tauchen kannst. Die Lage des Sail Rocks lockt auch viele Fischschwärme an. Makrelen, Zackenbarsche, Skorpionfische und mit Glück gibt es sogar ein paar **Walhaie** zu sehen. **Tiefe**: max. 40 Meter

ANG THONG NATIONAL MARINE PARK

Es gibt auch viele Tauchtouren in den Nationalpark. Hier kannst du eine bunte und schöne Unterwasserwelt erleben. Viele Korallen sind hier noch in sehr guter Verfassung und du findest teils auch **schwarze Korallen**. An einem guten Tag kannst du auch seltenere

Unterwasserbewohner wie **Seeschlangen oder Schildkröten** entdecken. Siehe auch Tour auf Seite 84. **Tiefe:** max. 25 Meter

KOH TAO

Die Insel Koh Tao hat mehrere Tauchplätze, die du direkt vom Strand aus erreichen kannst. Sehr beliebt vor der Küste sind *Shark Island* und *Southwest Pinnacle*. Hier findest du eine reiche Unterwasserwelt mit vielen Fischen und tolle Steinformationen. **Tiefe:** max. 32 Meter

WEITERE TAUCHORTE IM GOLF VON THAILAND

Rock Point, Chumphon Pinnacle, Sumran Pinnacle, Koh Yippon, Koh Nang Yuan etc.

Pirate Divers in Haad Salad

TAUCHSCHULEN

Auf Koh Phangan gibt es zahlreiche Tauchschulen, die eine **Tauchausbildung**, Fun Dives und mehr anbieten. Am besten ist es immer, wenn du dich vor Ort bei der Tauchschule informierst und ein persönliches Gespräch mit den Tauchlehrern führst, bevor du dich anmeldest. Auch das Schüler-Lehrer-Verhältnis sowie die Ausrüstung sind wichtig und sollten vorher von dir eingehend geprüft werden.

Alle Tauchschulen auf Koh Phangan bieten ***PADI*** und ***SSI*** zertifizierte Tauchkurse an. Du solltest auch unbedingt darauf achten, dass die Tauchschulen und Lehrer zertifiziert sind, denn es geht hier im Endeffekt um deine Sicherheit. Die Tauchkurse werden auf mehreren Sprachen wie Deutsch, Englisch, Französisch etc. angeboten.

Im Folgenden liste ich dir einige Tauchschulen mit langjähriger Erfahrung und zertifizierten Kursen auf:

- ***Chaloklum Diving***, Chaloklum (www.chaloklum-diving.com)
- ***Lotus Diving***, Chaloklum (www.lotusdiving.com)
- ***Sail Rock Divers***, Chaloklum, Haad Salad & Haad Rin (www.sailrockdiversresort.com)
- ***Haad Yao Divers***, Haad Yao & Haad Chao Phao (www.haadyaodivers.com)
- ***Pirate Divers***, Haad Salad (www.piratediversthailand.com)
- ***Blue Horizon Phangan***, Haad Yao (www.bluehorizonphangan.com)
- ***Dreamland Diver***, Thong Nai Pan (www.dreamland-diver.de)
- ***Tropical Dive Club***, Thong Nai Pan (www.tropicaldiveclub.com)
- ***Phangan International Dive School (PIDS)***, Haad Rin

FREEDIVING

Auf Koh Phangan kannst du ebenfalls Freitauchen (auch *Apnoetauchen* genannt). Dabei benutzt du keine schwere Tauchausrüstung, sondern atmest vor dem Tauchen tief ein und nutzt diesen Atemzug solange er ausreicht.

Hierbei kannst du die Unterwasserwelt auf eine andere Art und Weise entdecken. Wenn du das Freitauchen ausprobieren möchtest, bietet Koh Phangan auch dafür Schulen mit entsprechenden Kursen an.

FREEDIVING SCHULEN AUF KOH PHANGAN

- ***Free Dive Koh Phangan***, Haad Salad (www.freedivekohphangan.com)
- ***Apnea Koh Phangan Freediving School***, Haad Yao (www.apneakohphangan.com)

SCHNORCHELN

Auf Koh Phangan gibt es, wie am Anfang schon erwähnt, einige Plätze zum Schnorcheln oder um das Schnorcheln auszuprobieren. Du kannst auch auf einigen Touren der **Tauchschulen** mitfahren, nur um zu schnorcheln.

Eine **Schnorchelausrüstung** gibt es auf den meisten Bootstouren kostenlos. Ansonsten kannst du dir Taucherbrille, Schnorchel und Flossen bei vielen Tauchschulen ausleihen oder auch in vielen kleinen Shops rund um die Insel kaufen.

Achte beim Schnorcheln aber darauf dich entweder mit genug Sonnencreme einzuschmieren oder ein T-Shirt anzuziehen. Die thailändische Sonne ist sehr stark und wenn du im Wasser mit den Fischen beschäftigt bist, vergisst du diese eventuell und hast nachher einen starken **Sonnenbrand**.

AM BESTEN ZUM SCHNORCHELN BIETEN SICH FOLGENDE STRÄNDE / PLÄTZE AN:

- Haad Chao Phao
- Haad Yao
- Haad Son (Koh Raham Bar)
- Haad Salad
- Haad Mae Haad und Koh Ma

YOGA UND MEDITATION

Koh Phangan ist auch sehr beliebt für Yoga und Meditation. Es gibt ein reichhaltiges Angebot über die gesamte Insel verteilt – mal im Inselinneren und mal direkt am Meer. Vieles davon spielt sich an der Westküste rund um den Ort ***Srithanu*** (siehe Seite 36) ab.

Hier ist für jeden etwas dabei. Egal ob Anfänger oder Profi. Es gibt Yoga-Stunden für verschiedene Stile und Niveaus, Meditationsworkshops, mehrwöchige Retreats und vieles mehr. Es gibt größere Yoga-Center oder kleinere Schulen und bestimmt auch etwas für deinen Geschmack.

Die meisten Yoga-Stunden fangen bei einem Preis von 300–500 Baht an. Oft ist die erste Stunde zum Ausprobieren jedoch **kostenlos**. Du kannst dich vorab online informieren oder dir direkt ein Yoga-Studio vor Ort suchen. Voranmeldungen sind meist nicht nötig.

YOGA-STUDIOS AUF KOH PHANGAN

SIAM HEALING CENTRE (THONG SALA)

An einem See und von viel Grün umgebenes Yoga-Studio, das auch Unterkünfte anbietet. Qualifizierte Lehrer bieten Yoga-Stunden, Heilungs- und Energiesitzungen, *Reiki*, *Chakra Balancing* oder auch Massage-Kurse an. www.siamhealingcentre.com

KAMALA HEALING CENTRE (THONG SALA)

Es werden verschiedene Kurse angeboten zu *Reiki* (Level 1–4) inklusive Zertifizierungen, Chakra Balancing, Yoga, Theta Healing u.v.m. www.kamalahealingcentre.com

ANANDA WELLNESS RESORT (HIN KONG)

Dieses Resort bietet Unterkünfte und ist spezialisiert auf Detox-Programme. Außerdem gibt es vor Ort ein Restaurant mit vegetarischem und veganem Essen. Zusätzlich werden mit der *Agama Yoga Schule* tägliche Yoga-Klassen angeboten – für Fortgeschrittene und Anfänger. www.anandaresort.com

AGAMA YOGA (SRITHANU)

Hier finden Tantra-Workshops, Meditationsretreats und tägliche Yoga-Klassen statt. Zusätzlich wird ein einmonatiger Yoga-Unterricht, kostenlose Frage-Antwort-Runden mit den Lehrern sowie Healing Therapien auf Grundlage von Yoga und Ayurveda angeboten. Eine tolle Community mit Lehrern und Schülern erwartet dich vor Ort. www.agamayoga.com

ORION HEALING CENTER (SRITHANU)

Spezialisiert auf Detox-Programme mit Fasten, um Geist, Körper und Seele zu reinigen. Zusätzlich werden tägliche Yoga-Klassen angeboten und wöchentlich der Masterkurs für *Reiki 1*. Daneben bietet das Orion Healing Center eine Saftbar und ein Raw Food Restaurant. www.orionhealing.com

THE YOGA RETREAT (HAAD SALAD)

Dieses Familienunternehmen bietet zertifizierte Yoga-Kurse in verschiedenen Stilen, wie *Ashtanga Traditional Mysore*, *Hatha Flow* oder auch *Pilates* Techniken, an. Außerdem gibt es ein vegetarisches Restaurant, Detox-Programme und Unterkünfte für Schüler. www.yogaretreat-kohphangan.com

LUNA PRAYA (BAAN TAI)

Tägliche Yoga- und Meditationsklassen in den Bergen von Baan Tai. Wöchentliche *Reiki* Kurse in den Stufen 1, 2 und 3 werden ebenfalls angeboten. Die Yoga und Meditationsretreats bietet das Luna Praya für jedes Level an, egal ob Anfänger oder Fortgeschrittene. www.facebook.com/lunapraya

THE SANCTUARY (HAAD TIAN EAST)

Qualifizierte Yogalehrer bieten jeden Vormittag Klassen für Anfänger an. Für Fortgeschrittene Yogis gibt es am Morgen und am Nachmittag Kurse. Mit 350 Baht sind die Yoga-Stunden hier sehr günstig und das The Sanctuary wird sehr gerne empfohlen. www.thesanctuarythailand.com

SONSTIGE AKTIVITÄTEN

SLIP N FLY

Dies ist eine relativ neue Attraktion auf Koh Phangan. Sie ist nur **während der Festivaltage geöffnet**, d.h. in der Woche der Full Moon Party. Hier kannst du schon während des Tages feiern und dich die 40 Meter lange Rutsche hinunterstürzen.

Geöffnet ist von 11.00 bis 19.00 Uhr und der Eintritt beträgt 600 Baht pro Person. Du findest Slip N Fly auf der Straße zwischen Thong Sala und Chaloklum im Norden. Die Sammeltaxis bringen dich gerne dort hin.

KAJAKTOUREN

Eine Tour mit dem Kajak ist für viele Urlauber eine willkommene Abwechslung zum Relaxen am Strand. Du bist ein bisschen körperlich aktiv und kannst neue Seiten der Insel entdecken. An vielen Stränden Koh Phangans kannst du dir **Kajaks mieten**. Der Preis bewegt sich bei 100–150 Baht pro Stunde.

Eine gute und **empfehlenswerte Kajaktour** wäre eine Fahrt von Thong Sala zur vorlagernden Insel *Koh Tae Nai*. Für diese Tour kannst du dir im *Beck's Resort* ein Kajak ausleihen und bist in ca. 15 Minuten auf der Insel. Andere beliebte Strecken sind von Chaloklum oder Haad Khom zum Bottle Beach oder von Haad Rin an die Strände der Ostküste.

THE CHALLENGE

The Challenge liegt im ***Laem Son Lake*** in *Srithanu* an der Westküste von Koh Phangan. Wenn du dich mal etwas auspowern möchtest und nach einem kleinen Abenteuer suchst, dann solltest du The Challenge mit dem Hinderniskurs im See nicht verpassen. Du kannst dort klettern, rutschen, springen und jede Menge Spaß haben.

Geöffnet ist täglich von 10.00–18.00 Uhr. Montags ist allerdings, bis auf die Woche der Full Moon Party, geschlossen. Der Eintritt kostet 500 Baht pro Person. Für Getränke und Essen ist im Restaurant am See ebenfalls gesorgt.

WAKEBOARDING

Du möchtest gerne mal Wakeboarding ausprobieren, dann ist die ***Wake Up! Bar*** in Chaloklum dein richtiger Ansprechpartner. Dies ist der einzige Service im Golf von Thailand mit englischsprachigen Lehrern. Ein richtiges Abenteuer auf dem Wasser. Kontakt: www.wakeupwakeboarding.com

Aussicht vom Khao Ra auf Chaloklum und Koh Ma

WANDERUNG ZUM KHAO RA

Der Khao Ra ist der **höchste Berg von Koh Phangan** und misst ganze 627 Meter. Von der Spitze bietet sich dir eine **atemberaubende Aussicht** auf die Insel und besonders über *Chaloklum*. Der Aufstieg ist zwar nicht allzu schwierig, doch dauert eine ganze Weile.

Wenn du dich unsicher bei dem Weg fühlst, kannst du dir auch einen **Guide** nehmen. Führungen werden z.B. am *Phaeng* Wasserfall für 500 Baht angeboten.

Solltest du den Khao Ra auf **eigene Faust** hochwandern, lässt sich dies am besten vom *Khao Ra Guesthouse* aus machen. Hier führen Schilder bis zum Gipfel, den du in normalem Tempo in ca. 2 – 3 Stunden erreichst.

KITEBOARDING

Koh Phangan ist ebenfalls ein guter Ort zum Kiteboarden. Auf der Insel findest du ein paar Schulen, um das Kitesurfen entweder zu lernen oder noch mehr Erfahrung zu sammeln.

Die **beste Jahreszeit** zum Kiteboarden ist zwischen Februar und März, da der Wind hier am leichtesten vorherzusagen ist. Aber auch ansonsten gibt es genug Möglichkeiten außerhalb dieses Zeitraums zum Kitesurfen.

Im September jeden Jahres findet auf der Insel außerdem das *Phangan Breeze Kite Jam Festival* statt. Es gibt einige Wettbewerbe, Rennen, Freestyles und mehr. Das Ganze wird natürlich mit einem Programm und Essen, Trinken sowie Musik abgerundet. Ein tolles Fest für Kite-Fans.

Ein **Schnupperkurs** zum Kiteboarding startet etwa bei 3000 Baht für einen Tag. Wenn du nach etwas Abwechslung und körperlicher Betätigung suchst, dann bist du hier genau richtig.

KITESCHULEN:

- ***Kiteboarding Asia***, Baan Tai (www.kiteboardingasia.com)
- ***Kiteflip***, Baan Tai (www.kiteflip.com)
- ***Kitesurf Asia***, Thong Sala (www.kitesurfing-kohphangan.com)

COOKING CLASS

Wenn du schon immer mal einen Kochkurs in Thailand besuchen wolltest, dann wirst du auch auf Koh Phangan fündig. Über die Insel verteilt findest du einige Cooking Classes, die Privatkurse oder öffentliche Kurse anbieten. Einige Luxushotels wie das *Anantara* bieten auch ihre eigenen Kochkurse an.

Du kannst das Zubereiten der **klassischen Thaigerichte** wie *Papaya-Salat* oder *Pad Thai* in wenigen Stunden lernen und dann auch zu Hause das leckere Essen genießen. Eine der bekanntesten Cooking Schools ist *C&M Cooking Class* in Srithanu. Die meisten Kurse fangen bei 800 – 1000 Baht pro Person an.

MUAY THAI

Eine der **beliebtesten Sportarten** in Thailand ist mit Sicherheit Muay Thai. Im ganzen Land verteilt gibt es unzählige Stadien, in denen die Kämpfe ausgetragen werden. Auch auf Koh Phangan findest du **7 Stadien** (4× in Thong Sala, 3× in Baan Tai, 2× in Haad Rin), um dir die abendlichen Kämpfe anzusehen.

Die Kämpfe werden meistens über Lautsprecheranlagen auf Pickups beworben, so dass du mitbekommst, wo ein Kampf stattfindet. Normalerweise finden bis zu 6 Kämpfe an so einem Abend statt. Der Eintritt beträgt 600

Baht aufwärts, je nachdem wie weit dein Platz zum Ring entfernt liegt.

Solltest du daran interessiert sein Muay Thai etwas besser kennenzulernen oder sogar selbst auszuüben, gibt es zahlreiche **Muay Thai Schulen** auf Koh Phangan. Dort kannst du hingehen und dir das Ganze mal genauer anschauen und sogar mittrainieren. Die meisten Muay Thai Schulen bieten auch Kurse auf Englisch an.

Gute Schulen wären z.B. *Diamond Muay Thai*, *Koh Phangan Muay Thai & Fitness Gym* u.v.m. Preise starten bei 400 Baht und können auch mehrere Tausend Baht betragen, wenn du dir einen privaten Trainer engagierst.

MINIGOLF

Eine tolle Freizeitaktivität, gerade auch für **Familien**, ist das Minigolf. Hier gibt es 12 Bahnen mit verschiedenen Schwierigkeitsgraden. Die Minigolfanlage liegt am *Wat Khao Noi* (siehe Seite 65), ein paar Kilometer außerhalb von Thong Sala Richtung Norden. Eintritt beträgt pro Spieler 120 Baht.

ZIPLINING / CANOPY WALK

Koh Phangan hat ebenfalls für **abenteuerlustige** Besucher Ziplining mit Canopy Walk im Angebot. Hier kannst du über Brücken in luftiger Höhe von Baum zu Baum gehen oder dich beim Ziplining von einer Plattform zur anderen stürzen.

Es gibt mehrere Orte, an denen du dies machen kannst. Wie etwa zwischen Baan Tai und Thong Nai Pan oder im **Dschungel**. Du kannst diese Aktivität in jedem Reisebüro der Insel oder auch in vielen Hotels für ca. 500 Baht buchen.

MOONLIGHT CINEMA

Auf der Straße von Thong Sala Richtung Chaloklum gelegen, bietet das Moonlight Cinema eine **gemütliche Atmosphäre**, leckere Smoothies und Snacks sowie einen großen Screen mit Filmen. Täglich gibt es **vier Vorstellungen** mit wöchentlich neuem Programm. Sehr schön, um einen Abend entspannt anzugehen. Der Eintritt kostet 150 Baht. Das aktuelle Programm findest du unter www.facebook.com/moonlightphangan.

ROYAL NAVY SHIP MUSEUM

In der Nähe des Piers von Thong Sala, genauer gesagt am Kreisel, befindet sich das Royal Navy Ship Museum. Dies ist ein altes **Kriegsschiff**, welches 1957 von den Vereinigten Staaten an Thailand übergeben wurde. Seit 2011 steht dieses Schiff auf Koh Phangan und ist heute ein Memorial Museum für König *Rama IX*. Im Inneren finden regelmäßig Ausstellungen statt und du kannst das Schiff **kostenlos** besuchen.

10. TAGESTOUREN

Ang Thong Marine Nationalpark

Der "Monkey Rock" im Nationalpark

ANG THONG MARINE NATIONAL-PARK

Der Nationalpark von Ang Thong liegt vor der Küste von Koh Samui und Koh Phangan und ist ein beliebtes Ziel für **Tagesausflüge**. Dabei gibt es Stopps zum Schnorcheln, Kajakfahren, ein Mittagessen in einem einheimischen Dorf und traumhafte Strände sowie Felsformationen zu sehen.

Diese Gruppentouren werden entweder mit einem Speedboot oder großem Holzboot durchgeführt, je nach Anbieter. Die Boote in den Nationalpark starten gegen 9.00 Uhr morgens. Der erste Stopp zum **Schnorcheln** und Schwimmen wird meist bei *Koh Wao* oder *Koh Tay Plaow* gemacht.

Danach geht es noch auf die Inseln *Koh Wua Talap* und *Koh Mae Koh*. Auf der letztgenannten gibt es im Inneren eine fantastische **blaue Lagune** und eine **Aussichtsplattform** auf einem Hügel. Wenn du das Kajakfahren dazu buchst, findet dies meist auch hier statt.

Die Preise für eine Tour in den Ang Thong Marine Nationalpark liegen zwischen 1700–1800 Baht für Erwachsene und 850–1300 Baht für Kinder. Schnorchel, ein leichtes Frühstück sowie ein Buffet zum Mittagessen sind in den Preisen enthalten. Es kommen jedoch zusätzlich 300 Baht **Nationalparkgebühr** dazu.

Buchen kannst du in vielen Hotels und Reisebüros auf Koh Phangan. Die bekanntesten Anbieter auf Koh Phangan sind *Orion Boat Trips* und *Safari Boat*.

KOH NANG YUAN & KOH TAO

Die beiden Inseln werden gerne in **Kombination als Tagesausflug** angeboten. Koh Nang Yuan ist eine kleine Insel, die direkt vor der Küste von Koh Tao liegt. Beide Inseln bieten eine herrliche **Unterwasserwelt** und somit tolle Schwimm- und Schnorchelmöglichkeiten.

Diese Tour wird mit einem Speedboot durchgeführt. Die Fahrt von Koh Phangan bis zur ersten Station auf Koh Nang Yuan dauert etwa eine Stunde. Vor Ort kannst du an einem Korallenriff schnorcheln gehen, den Strand genießen oder den schönen Aussichtspunkt von Koh Nang Yuan erobern.

Danach geht es zum Schnorcheln und Relaxen in eine wunderschöne Bucht auf Koh Tao. Die Insel ist besonders beliebt bei Tauchern und Schnorchlern, da sie eine **fischreiche Unterwasserwelt** bietet. Außerdem gibt es viele **traumhafte Strände** auf Koh Tao.

Die Preise für eine Tour nach Koh Nang Yuan und Koh Tao liegen zwischen 1600–1800 Baht für Erwachsene und 1000–1300 Baht für Kinder. Schnorchel, ein leichtes Frühstück sowie ein Buffet zum Mittagessen sind in den Preisen enthalten. Es kommen jedoch zusätzlich 100 Baht **Nationalparkgebühr** dazu.

Buchen kannst du in vielen Hotels und Reisebüros auf Koh Phangan. Die bekanntesten Anbieter auf Koh Phangan sind *Lomlahk Khirin High Speedboat* und *Safari Boat*.

Die berühmte Aussicht auf Koh Nang Yuan

KOH SAMUI

Direkt nach Koh Samui, der großen Nachbarinsel, werden zwar keine Touren angeboten, aber ein Ausflug ist **auf eigene Faust** sehr gut machbar. Jeden Tag fahren regelmäßig Fähren von Koh Phangan nach Koh Samui.

Du kannst entweder vom Pier in Thong Sala oder dem Pier in Haad Rin nach Koh Samui fahren. Wenn du früh am Morgen die Fähre nimmst, kannst du den ganzen Tag auf der Nachbarinsel verbringen und die letzte Fähre am Abend wieder zurück nach Koh Phangan nehmen. Siehe auch Seite 14 und 167.

Auf Koh Samui kannst du dir entweder einen Motorroller oder ein Taxi mieten, um die vielen Sehenswürdigkeiten der Insel zu erkunden. Du kannst dich aber auch nur an einen Ort oder schönen Strand fahren lassen und dort einen entspannten Tag verbringen.

Die Preise für eine Fahrt von Koh Phangan nach Koh Samui betragen zwischen 200 und 300 Baht (je nach Anbieter). Sie dauern etwa 30–40 Minuten. Buchen kannst du die Fähre in vielen Hotels, Reisebüros oder direkt am Pier auf Koh Phangan. Fähranbieter sind z.B. *Lomprayah*, *Seatran Discovery* und *Songserm*.

Hinweis: Frage beim Buchen nach, wann das **letzte Boot** zurück nach Koh Phangan fährt, damit du deinen Tag planen kannst und wieder rechtzeitig am Pier auf Koh Samui bist, um die Fähre nicht zu verpassen.

Auf der Insel Koh Ma

KOH PHANGAN

Wenn du Lust hast Koh Phangan mit einer **organisierten Tour** zu erkunden, dann kannst du eine Halbtages- oder Tagestour über die Insel buchen. Dabei geht es je nach Programm an verschiedene Orte auf der Insel. Oft ist ein Stopp am *Haad Mae Haad* und der vorlagernden Insel *Koh Ma* dabei, wo du etwas schnorcheln und dich am Strand entspannen kannst (siehe auch Seite 44).

Weiterhin gibt es einen Tempelbesuch, Kajakfahren, Bogenschießen, Ziplining und optional auch Elefantenreiten (wovon ich aber **abraten** würde, da dies nicht gut für die Gesundheit der Elefanten ist). Am besten du schaust dir das Programm vorher beim **Buchen** in einem Reisebüro oder deinem Hotel an. Dort liegen oft Flyer für diese Touren aus.

Die Preise für eine Halbtages- oder Tagestour auf Koh Phangan liegen zwischen 1000–1300 Baht für Erwachsene und 600–800 Baht für Kinder. Schnorchel, ein leichtes Frühstück sowie ein Buffet zum Mittagessen sind meistens in den Preisen enthalten.

11. TRANSPORT VOR ORT

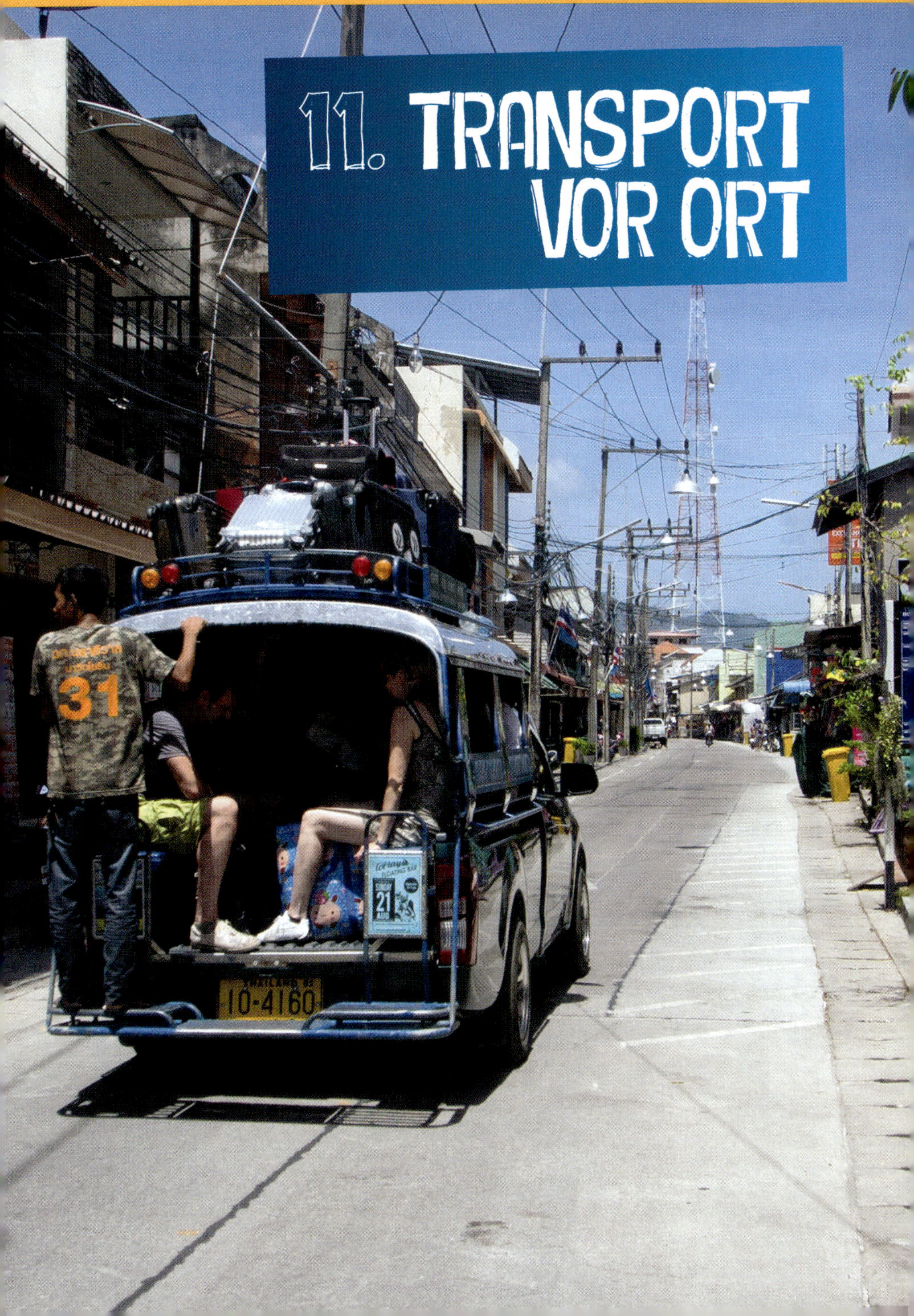

Öffentliche Transportmittel gibt es nicht allzu viele auf Koh Phangan. Du findest hier **weder Busse, Tuk Tuks** noch einen **normalen Taxiservice**, wie in vielen touristischen Orten und Großstädten in Thailand. Doch auch auf Koh Phangan gibt es einige Möglichkeiten, wie du von A nach B kommst.

1. SAMMELTAXI ("SONGTHAEW")

Ein *Songthaew*, auch als Sammeltaxi bekannt, ist ein umgebauter **Pickup mit zwei Sitzbänken**. In den meisten Songthaews findest du auch eine "Klingel", die du drücken kannst, wenn das Taxi anhalten soll (ähnlich wie in den Bussen in Deutschland). Es gibt aber weder feste Zeiten noch Stopps.

Die Fahrer hupen auf dem Weg gerne sämtliche Leute an, die zu Fuß unterwegs sind, um diese bei Bedarf mitzunehmen. Ansonsten kannst du dem vorbeifahrenden Songthaew einfach ein **Handzeichen** geben und es wird anhalten und dich mitnehmen.

Die **meistbefahrene Route** liegt zwischen Thong Sala und Haad Rin. Der Preis liegt pro Person bei 100 Baht. Am späten Abend oder nachdem das letzte Boot angekommen ist, werden die Preise jedoch gerne mal auf 150–200 Baht erhöht. Versuche auf jeden Fall auf 100 Baht herunterzuhandeln.

Orte, die weiter weg liegen, wie *Haad Salad*, *Mae Haad*, *Chaloklum* oder *Thong Nai Pan* kosten zwischen 200 und 300 Baht pro Person. Am besten du fragst jeweils vorher den Fahrer nach dem Preis zu deinem Zielort und handelst noch ein wenig. Günstiger als 100 Baht pro Person gibt es die Sammeltaxis jedoch so gut wie nie.

2. MOTORRAD-TAXI ("MOTOSAI RAP CHANG")

Neben den Sammeltaxis gibt es auch einige Motorrad-Taxen auf Koh Phangan. Meistens daran zu erkennen, dass die Fahrer eine **orangefarbene Weste** tragen. Ein Motorrad-Taxi kannst du einfach mit der Hand heranwinken.

Bei dieser Art von öffentlichen Verkehrsmitteln musst du den Preis jedes Mal vorher mit dem Fahrer aushandeln. Je nachdem, wo du hinmöchtest, wird sich der Preis zwischen 50 bis 100 Baht bei Kurzstrecken bewegen und bei längeren Strecken die Fahrt auch mal 200 Baht oder mehr kosten.

3. ROLLER MIETEN

Eine gute Möglichkeit Koh Phangan zu entdecken, ist das Mieten eines Rollers oder Motorrads. Dies ist **meine bevorzugte Option** und macht dich absolut unabhängig von anderen Transportmitteln.

Roller kannst du auf der Insel in den zahlreichen Shops mit einem "Motorbike for rent" Schild oder in vielen Unterkünften mieten. Die Preise bewegen sich meistens zwischen

200–250 Baht pro Tag. Solltest du den Roller für eine längere Zeit mieten, wirst du meist weniger bezahlen. Solltest du den Roller nur für ein paar Tage oder zur Zeit der **Full Moon Party** mieten, wirst du selten unter 250 Baht pro Tag zahlen.

Mit einem normalen Motorroller mit 100 oder 125 ccm kommst du auf Koh Phangan grundsätzlich überall hin, da 90 % der Straßen **geteert** und in einem befahrbaren Zustand sind – achte jedoch auf Schlaglöcher.

Solltest du einige Fragen vor dem Mieten eines Rollers haben, dann kann ich dir diese hoffentlich im Folgenden beantworten:

WIRD EIN MIETVERTRAG ABGESCHLOSSEN?

Es ist üblich, dass der Vermieter einen Mietvertrag von dir ausfüllen lässt. Hier werden dein Name, dein Hotel mit Zimmernummer, die Nummer deines Reisepasses und der Mietpreis pro Tag festgehalten. Außerdem steht auf diesem Mietvertrag normalerweise, welche Kosten für dich bei einem Komplettschaden des Rollers anfallen (oft 50.000–60.000 Baht).

Hinweis: In einigen wenigen Fällen wird kein Mietvertrag ausgefüllt, falls du den Roller direkt bei deiner **Unterkunft** (ab und zu bei kleinen Gästehäusern) mietest. Wenn die Unterkunft eigene Roller zur Verfügung stellt, werden diese meist auf Vertrauensbasis vermietet. Sollte hier ein Schaden anfallen, musst du diesen natürlich auch bezahlen. Das ist dann Verhandlungssache.

Wenn du zum ersten Mal einen Roller in Thailand mietest, dann lies dir vorab den Mietvertrag in Ruhe durch, bevor du ihn unterschreibst. Die Vermieter müssen sich auch absichern und du solltest wissen, was im schlimmsten Fall auf dich zukommen kann.

MUSS ICH EINE KAUTION HINTERLEGEN?

Bei 90 % der Anmietungen wird im Mietvertrag auch eine Kaution festgelegt, damit die Roller auch wieder ihren Weg zum Shop zurückfinden. Meistens wird von den Vermietern der **Reisepass** als Pfand verlangt. Ich habe dies ohne Probleme schon öfters gemacht. Oft geht es einfach nicht anders.

Ab und zu kannst du jedoch auf verschiedenen Seiten im Internet lesen, dass manche Leute damit schon Probleme hatten. Wenn dir das zu unsicher ist, kannst du dies mit dem Vermieter klären und auch eine andere Kaution aushandeln.

In einigen Fällen sollte es auch möglich sein eine Kopie des Reisepasses sowie eine Summe an Bargeld als Kaution zu hinterlegen. Je nach Vermieter würde dieser Betrag wahrscheinlich zwischen 5000 und 10.000 Baht liegen, die du bei der Abgabe des Rollers zurückbekommst.

Hinweis: Wenn du deinen Roller direkt bei deiner **Unterkunft** mietest (wie weiter oben erwähnt z.B. bei kleinen Gästehäusern), dann fällt die Kaution auch mal weg.

BIN ICH MIT DEM ROLLER VERSICHERT?

Nein, meistens wird leider keine Versicherung beim Roller mieten in Thailand angeboten. Du kannst jedoch in einigen Shops **zusätzlich eine Versicherung** abschließen. Diese wird dann natürlich auf den eigentlichen Preis zur Anmietung addiert. Ich habe bis jetzt meistens keine Versicherung gehabt, zum Glück aber auch noch keinen richtigen Unfall miterlebt.

Es ist zwar ein größeres Risiko ohne Versicherung, aber was ist schon sicher? Wenn du ein wenig Acht gibst, solltest du deine Zeit in Thailand hoffentlich unversehrt überstehen. Ich will dir definitiv nicht dazu raten keine Versicherung abzuschließen, eine Versicherung ist immer besser. Leider in den meisten Shops aber nicht üblich.

Hinweis: Achte beim Mieten immer darauf, ob dein Roller schon einen **Schaden** hat und dokumentiere diesen zur Not auch mit einem **Foto**. Solltest du selbst einen Schaden verursachen, dann fahre am besten zur nächsten **Werkstatt** und lass ihn dort beheben. Oft ist dies günstiger als mit dem Schaden zum Vermieter zu fahren.

Achtung: Der Straßenverkehr in Thailand ist teilweise "wild". Die Straßenverkehrsregeln sind gerne mal Auslegungssache. Ich empfehle daher immer lieber **defensiv und vorausschauend** zu fahren und niemals zu rasen. Außerdem setze immer einen **Helm** auf – der schützt nicht nur vor Kontrollen, sondern kann dir bei einem Unfall auch das Leben retten.

4. AUTO MIETEN

Genau wie du auf der Insel einen Roller oder ein Motorrad mieten kannst, ist es auch möglich ein Auto zu mieten. Meistens sind dies **Pickups** oder **Off-Road-Jeeps**. Der Preis bewegt sich zwischen 700–1200 Baht pro Tag. Je nachdem wie neu das Auto ist. Der restliche Mietvorgang ähnelt sich dem des Motorrollers.

5. LONGTAILBOOT / TAXIBOOT ("RUEA HANG YAO")

Auf Koh Phangan gibt es einige Strände, die du **nur mit einem Boot** erreichen kannst, wie z.B. den *Bottle Beach* im Norden oder einige der Strände im Osten, wie *Haad Yao*, *Haad Thian* etc.

Um an diese Strände zu gelangen, musst du entweder von Chaloklum (zum Bottle Beach) oder von Haad Rin (Sunrise Beach) ein Taxiboot nehmen. Die Preise sind ähnlich der Preise für ein Sammeltaxi. Die Bootsfahrten liegen zwischen 100 und 300 Baht in eine Richtung. Je nachdem, zu welchem Strand du möchtest und zu welcher Saison du vor Ort bist.

An den restlichen Stränden von Koh Phangan findest du ebenfalls das eine oder andere Longtailboot, welches du als Wassertaxi benutzen kannst. Jedoch sind diese viel seltener anzutreffen, als bei den eben beschriebenen Orten.

Longtailboot am Bottle Beach

12. KOH PHANGAN AUF EIGENE FAUST: 4 ROLLERTOUREN

TOUR 1: STRÄNDE AN DER WESTKÜSTE

Der Westen von Koh Phangan hat die **meisten Strände der Insel** entlang der Küste zu bieten. Hier kannst du dich von Strand zu Strand bewegen und den Tag am Meer genießen.

Du startest in Thong Sala, dem Hauptort der Insel, am ***Phantip Nachtmarkt*** (neben 7-Eleven) (1). Die Fahrt startet in Richtung des Piers, jedoch musst du kurz nach dem Phantip Markt schon in die erste Straße nach rechts abbiegen (direkt nach dem 7-Eleven).

Dieser Straße folgst du über eine kleine Brücke. Am **Family Mart** geht es weiter nach links auf die Küstenstraße im Westen. Nun sind es einige Kilometer und du fährst eine Weile (ca. 15 Minuten) die Straße entlang. Vorbei an diversen Hotels und den kleinen Orten *Wok Tum* und *Hin Kong* bis nach ***Srithanu***. Dies ist der erste etwas größere Ort an der Westküste.

Kurz hinter Srithanu gibt es den *Laem Son Lake* auf der linken Seite und direkt davor befindet sich eine kleine Einfahrt mit einem Feldweg. Dort fährst du hinein und kommst am Ende am ersten Strand dieser Route, dem ***Srithanu Beach***, an (2).

Srithanu Beach

Nach dem Besuch am Strand geht es nur ein paar Meter weiter zu ***The Challenge*** am Laem Son Lake. Wenn du dich mal so richtig auspowern möchtest, dann solltest du hier den nächsten Stopp einlegen (3). 500 Baht Eintritt, aber jede Menge Spaß im See garantiert! Mehr zu The Challenge gibt es auf Seite 79.

The Challenge

Es geht nur ein kurzes Stück weiter, bis du auf der linken Seite Schilder zur *Pirates Bar* und dem *La Dolce Vita* entdeckst. Hier fährst du wieder hinein und parkst vor dem La Dolce Vita Resort. Willkommen am ***Haad Chao Phao*** (4). Klares Wasser und nur wenige Besucher. Kühle Getränke gibt es an der Bar des La Dolce Vita.

Der nächste Strand liegt ein paar Kilometer weiter in einer Bucht. Nach dem nächsten großen Hügel fährst du die Straße hinab und findest Schilder, die mit "*Secret Beach*" beschriftet sind. Der ***Haad Son*** (5) ist eine kleine Bucht mit schönem Wasser und entspannter Atmosphäre.

Tipp: Das nebenan liegende *Haad Son Resort* hat an der Spitze eine ***Beach Bar*** *"Koh Raham"*. Hier kannst du super **Schnorcheln** und abends den **Sonnenuntergang** genießen **(6)**. Siehe S. 126.

Weiter die Küstenstraße entlang, fährst du am *Haad Yao* vorbei und den nächsten Berg hinauf. Hier führt links eine Straße zum *Haad Thian*. Du biegst jedoch die nächste Straße nach rechts in Richtung des *Peppercorn Restaurants* ab. Ein kleines Stück den Berg hoch solltest du jetzt einfach anhalten und den Blick auf den ***Haad Salad*** genießen. Ein wunderschöner Viewpoint (7).

Es geht zurück zur Hauptstraße. Folge dieser bis zur nächsten Kreuzung und fahre nach rechts. Abermals bis zur nächsten Kreuzung, aber dieses Mal biegst du nach links ab.

Nun folgst du der Straße bis zur nächsten großen Kurve. Hier gibt es links 2 Einfahrten. Eine ist mit *Utopia* beschriftet, ein Resort auf einem Hügel. Du nimmst die Einfahrt ganz links und fährst bis zum Ende und kommst dann an den ***Haad Mae Haad*** (8).

Dies ist der letzte Strand auf unserer Route. Besonders beliebt ist dieser durch die vorlagernde Insel *Koh Ma*, zu der du einen Spaziergang über die Sandbank unternehmen kannst. Ebenfalls ein super Spot, um den **Sonnenuntergang** auf Phangan anzusehen. Hier endet die Tour und du kannst am *Mae Haad Island View Cabana Resort* parken. Genieße den Rest des Tages.

TOUR 2: TEMPEL UND STRÄNDE IM NORDEN

Der Norden von Koh Phangan ist geteilt in den Nordwesten und den Nordosten. Auf dieser Tour geht es in den Nordwesten zu einigen Sehenswürdigkeiten wie **Tempeln und Wasserfällen** sowie wunderschönen **Stränden**.

Straße in den Norden von Koh Phangan

Du startest bei dieser Tour ebenfalls in Thong Sala am ***Phantip Markt*** (1). Diesmal geht es in die entgegengesetzte Richtung. Du folgst der großen Kurve nach links und weiter der Straße entlang, vorbei am ***Tesco Lotus***. An der großen Kreuzung am Ende (gegenüber einer Medical Clinic) biegst du nach links ab.

Jetzt folgst du der Straße eine ganze Weile, je nach Tempo ca. 10–15 Minuten, bis eine große Kurve nach links führt. Hier fährst du jedoch geradeaus weiter und biegst danach rechts ab. Am Ende der Straße, nach etwa einem Kilometer, befindet sich der ***Phaeng Wasserfall*** (2). Nun kannst du deinen Roller parken und dich zu Fuß zum Wasserfall aufmachen. Zusätzlich kannst du vom Wasserfall zum ***Domesila Viewpoint*** aufsteigen und den Ausblick auf die Insel genießen. Es ist kein Eintritt fällig. Siehe auch Seite 69.

Tipp: Der Aufstieg zum Viewpoint ist am besten mit **festem Schuhwerk** zu bewältigen. Es geht zwar auch in Flip Flops, aber dann solltest du ein wenig vorsichtiger sein.

Der nächste Stopp ist nicht weit entfernt. Du folgst der Straße zurück und biegst nicht links auf die Hauptstraße, sondern nach rechts ab. Nach etwa 2–3 Minuten siehst du auf der rechten Seite den ***Wat Maduea Wan*** (3). Wenn nicht gerade eines der Festivals auf Koh Phangan stattfindet, ist dies eine ruhige Tempelanlage. Einen tollen Ausblick auf das kleine Tempelgelände und die palmengesäumte Insel hast du vom oberen Teil der Treppe. Siehe auch Seite 66.

Jetzt biegst du die nächste Straße nach links ab. An der Hauptstraße in den Norden wieder nach rechts. Dieser folgst du eine ganze Weile, bis auf der linken Seite eine Auffahrt zum **chinesischen Tempel** kommt. Der nächste

Stehender Buddha im chinesischen Tempel

Stopp auf unserer Tour kostet 40 Baht Eintritt. Genieß den Tempel und die Aussicht auf das Meer. (4)

Der menschenleere Chaloklum Beach

Nur ein kleines Stück weiter, ebenfalls auf der linken Seite, liegt der ***Wat Pah Saeng Tham***. Der letzte Tempel auf der Route. Ein kurzer Besuch lohnt sich auch hier. (5)

Weiter geht es in den Norden. Wenn du Chaloklum erreichst, dann fährst du geradeaus am 7-Eleven vorbei, anstatt der Straße nach links zu folgen. Hier kannst du deinen Roller am ***Chaloklum Beach*** (6) abstellen. Du hast nun die Möglichkeit dich etwas am Strand zu entspannen oder mit dem Longtailboot zum abgelegenen ***Bottle Beach*** (7) zu fahren. Der Preis beträgt 150 Baht pro Person für eine Fahrt.

Zum letzten Ziel der Route gelangst du, wenn du nun zurück fährst und nach rechts abbiegst. So als ob du der großen Kurve vorhin am 7-Eleven gefolgt wärst. Der Straße folgst du nun gute 5 Minuten durch Chaloklum, bis du auf der rechten Seite ein Schild zu den ***Malibu Beach Bungalows*** siehst. Hier fährst du hinein und parkst deinen Roller am Ende des Sandweges direkt vor dem Resort.

Du kannst ohne Probleme durch die Bungalowanlage hindurchgehen. Vorbei am Swimmingpool geht es über eine kleine Brücke. Willkommen am ***Malibu Beach*** (8)! Weißer feiner Sandstrand und traumhaftes Wasser erwarten dich hier. Eine kleine Bar, die Essen und Getränke anbietet, findest du ebenfalls vor Ort. Damit endet die Tour und es ist Zeit, um dich zu entspannen.

Zum Abschluss des Tages: Entspannen und Baden am paradiesischen Malibu Beach

TOUR 3: THONG NAI PAN & THAN SADET

Diese Tour führt dich kilometerweit durch die Inselmitte von Koh Phangan in den ***Than Sadet Nationalpark***, wo der berühmte Wasserfall liegt. Weiter geht es zu sehr ruhigen Stränden im Osten und Nordosten der Insel sowie einem fantastischen Aussichtspunkt.

Die Tour beginnt in **Baan Tai** am 7-Eleven (1). Du findest ihn nach dem kurzen Stück Einbahnstraße zwischen Thong Sala und Haad Rin und dem Torbogen, den du durchfährst. Direkt vor dem 7-Eleven musst du nach links auf die Straße Richtung Norden abbiegen. Diese führt dich nun durch die komplette mit Dschungel bewachsene Inselmitte.

Der erste Stopp ist der ***Wat Pho*** auf der rechten Seite (2). Diesen erreichst du etwa 500 Meter, nachdem du in die Straße eingebogen bist. Ein kleiner Tempel, der den gleichen Namen wie der berühmte Tempel in Bangkok trägt. Danach geht es weiter Richtung Norden. Nach 200 Metern findest du auf der rechten Seite den ***Biggest Yang Na Tree***, bei dem du für einen kurzen Fotostopp anhalten kannst (3). Das nächste Ziel liegt jedoch etwas weiter entfernt.

Vorbei an den Veranstaltungsorten der *Half Moon Party* und *Jungle Experience* (siehe Seite 111), geht es nun die kurvenreichen Berge rauf und runter. Nach ungefähr 7 Kilometern kommst du an einem **Kreisverkehr** an. Hier nimmst du die zweite Ausfahrt und biegst sozusagen nach rechts ab.

Than Sadet Beach

Am Ende der Straße findest du den ***Than Sadet Beach*** vor (4). Auf dem Weg gibt es noch einige Aussichtspunkte, an denen du einen Stopp einlegen kannst sowie mehrere Eingänge, um den ***Than Sadet Wasserfall*** (5) zu besuchen. Deinen Roller kannst du an den vorgesehenen Parkplätzen am Straßenrand stehen lassen. Nach dem Besuch des Wasserfalls und des Strandes geht es wieder zurück zum Kreisverkehr. Hier nimmst du abermals die zweite Ausfahrt. Biegst also wieder nach rechts in Richtung *Thong Nai Pan* ab.

Than Sadet Wasserfall

Der Straße folgst du ca. 4 Kilometer und kommst am Ende im Ort Thong Nai Pan an. Diesen durchfährst du komplett bis die Straße endet. Am Ende führt ein kleiner geteerter Weg auf den Hügel (siehe auch Seite 73). Diesen Weg kannst du mit deinem Motorroller befahren. Er ist sehr steil, also sei etwas vorsichtig. Oben angekommen, befindet sich auf der rechten Seite die Auffahrt zu einem Haus. Auf der linken Seite kannst du deinen Roller abstellen und die **Aussicht** auf die Bucht von Thong Nai Pan genießen (6).

Nach dem Aussichtspunkt fährst du den Hügel wieder **vorsichtig** hinunter. Im Ort findest du auf der rechten Seite einige Schilder zum Strand. Einem davon kannst du folgen und dort deinen Roller abstellen. Jetzt bist du am Ende der Tour angelangt und du kannst dich am Strand entspannen **(7)**. Oder du gehst schwimmen und gönnst dir einen Drink an einer der Strandbars.

Alternativ kannst du auch noch ein kleines Stück weiter aus dem Dorf fahren, die Einfahrt hinter dem Hügel auf der rechten Seite nehmen und an den kleinen ***Thong Nai Pan Noi*** Strand fahren **(8)**. Hier gibt es viele luxuriöse Resorts und ebenfalls einen schönen Strandabschnitt. Mehr zu den Thong Nai Pan Stränden findest du ab Seite 54.

Thong Nai Pan Noi

TOUR 4: OSTKÜSTE & HAAD RIN

Der Südosten von Koh Phangan ist vor allem für seine Full Moon Party bekannt. Auf dieser Tour geht es jedoch zu den **traumhaften Stränden des Südostens** in Haad Rin.

Aussicht vom Wat Khao Tham auf die Südküste von Koh Phangan und auf Koh Samui

Du startest wieder in Thong Sala am ***Phantip Nachtmarkt*** (1). Vorausgesetzt deine Unterkunft befindet sich in Thong Sala oder Umgebung und nicht in Haad Rin. Von hier aus geht es die große Straße in Richtung Osten, vorbei am ***Tesco Lotus*** bis zur großen Kreuzung (siehe auch Tour 2). Du biegst hier jedoch nach rechts statt nach links ab. Am Ende der Straße geht es weiter nach links. Rechts findet jeden Samstag die *Walking Street* von Thong Sala statt (siehe S. 59).

Nun folgst du der Straße etwa 6 Kilometer einfach geradeaus durch Thong Sala und Baan Tai. Du fährst auf dem Weg an drei 7-Eleven vorbei, bis du auf der rechten Seite das *Lom Talay* Restaurant und auf der linken Seite ein kleines unscheinbares Schild zum ***Wat Khao Tam*** siehst. Hier biegst du nach links ab und folgst der Straße wenige Minuten auf den Hügel. Dieser ruhige Tempel hat zwar nicht allzu viel zu bieten, veranstaltet jedoch Meditationsretreats und du kannst eine **wunderschöne Aussicht** über Koh Phangan genießen (2).

Danach geht es zurück zur Hauptstraße und du biegst abermals nach links ab in Richtung Südosten. Jetzt folgst du der Straße etwa 7 Kilometer. Nach den Orten Baan Tai und Baan Khai macht die Straße übrigens eine große Rechtskurve, der du auch folgst. Dann geht es nach einer Weile die Hügel in Richtung Haad Rin rauf und runter.

Achtung: Manche Hügel sind sehr steil und die Kurven dahinter sehr unübersichtlich. **Fahre hier sehr vorsichtig**!

Die Straße nach Haad Rin

Am Ende kommst du an zwei weiteren 7-Eleven in Haad Rin vorbei und siehst Schilder zum ***Tommy Resort***. Du biegst nun rechts ab und die nächste schmale Straße gleich wieder nach links. Am Ende dieser ebenfalls rechts. Auf der linken Seite kommt nun das *Sunrise*

Leela Beach

Resort. Dort kannst du deinen Motorroller abstellen und zum *Full Moon Beach*, dem *Haad Rin Nok* gehen (3). Du kannst dich nun am feinen, weißen Sandstrand entspannen, etwas schwimmen gehen oder wenn du möchtest sogar eine Bootstour mit einem der Longtailboote an die unentdeckten Strände im Osten der Insel machen (4).

Das nächste Ziel liegt nur knapp 1 Kilometer entfernt. Aus dem *Sunrise Resort* kommend, biegst du nach links ab. Jetzt folgst du der Straße bis du eine Rechtskurve machen kannst, die dich einen Hügel hinauf führt. Hier biegst du die erste Straße nach links ab. Du kannst dich an dem **"Backyard Party"** Schild orientieren. Am Ende hältst du dich rechts in Richtung des *Sarikantang Resort/Leela Beach Resort*. Hier kannst du deinen Roller parken und zum ***Seekantang Beach***, auch als *Leela Beach* bekannt, gehen (6). Du kannst dich nun am Strand entspannen oder den Strand bis zum Ende entlang wandern und über den Holzweg zum kleinen **Leuchtturm** von Koh Phangan gehen.

Du fährst nun aus Haad Rin hinaus auf die Küstenstraße, um das letzte Ziel zu erreichen. Dieser folgst du die ersten Hügel auf und ab. An der letzten steilen Straße nach unten findest du auf der linken Seite die ***Thong Yang Bar***. An dieser wunderschönen, oft leeren Bar für einen fantastischen Sonnenuntergang über Koh Phangan endet diese Tour nun (6).

13. NACHTLEBEN (PARTY GUIDE)

Drop In Bar

ALLGEMEINES ZU KOH PHANGANS NACHTLEBEN

Koh Phangan hat unter vielen Reisenden das Image als **Partyinsel**. Dies kommt selbstverständlich durch die riesige ***Full Moon Party***, die jeden Monat stattfindet.

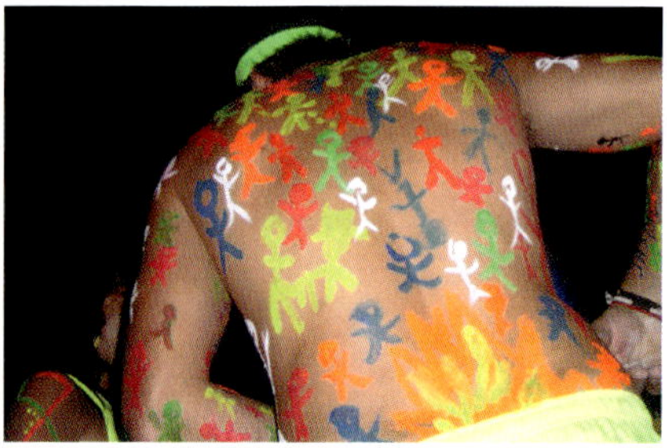

In den vorigen Kapiteln habe ich dir eine Menge an Sehenswürdigkeiten, Stränden und Aktivitäten vorgestellt, die du abseits der Partys auf der Insel erleben und besichtigen kannst. Koh Phangan lässt sich, wie du bis hier sicher mitbekommen hast, nicht ansatzweise auf Partys beschränken und sie nehmen nur einen kleinen Teil bei einem Aufenthalt auf der tropischen Insel ein.

Neben der berühmten Full Moon Party gibt es noch **eine ganze Reihe** anderer regelmäßiger kleiner und größerer Partys auf Koh Phangan. Viele davon werden mit großen Plakaten am Straßenrand beworben, so dass du die Termine während einer Reise auf die Insel definitiv nicht verpasst.

Viele der Partys finden in Haad Rin, dem Ort der Full Moon Party statt, aber einige auch etwas abseits der Ortschaften, wie z.B. die *Jungle Experience*.

Die Partyszene auf Koh Phangan ist schon sehr groß und es spielen regelmäßig internationale, mehr oder weniger bekannte, DJs in diversen Partylocations. Dabei gibt es viel Musik in der Richtung **Drum and Bass**, **Dubstep** oder **House**. Aber auch kleine Jam Sessions mit etwas Reggae und Live-Musik werden veranstaltet.

Während der Full Moon Party ist die Insel übrigens **sehr voll** von Reisenden und solltest du zu dieser Zeit auch nach Koh Phangan reisen, ist es sinnvoll vorab eine Unterkunft zu buchen. Viele Reisende kommen nämlich extra für die Full Moon Party auf die Insel. Die anderen Partys ziehen nicht so viele Besucher an, dass du vorher irgendwelche großen Vorbereitungen treffen musst.

WICHTIGE VERHALTENSREGELN

Wenn du in Thailand bzw. auf Koh Phangan feiern gehst, gibt es immer ein paar Regeln, die du im Hinterkopf behalten solltest. Mit gesundem Menschenverstand machst du dies wahrscheinlich sowieso.

Trinke nicht zu viel

Du bist Gast in Thailand und auch wenn du auf einer Party bist, solltest du nicht zu viel trinken und dich unter Kontrolle haben sowie benehmen können. Du solltest außerdem immer auf deine Getränke achten, damit dir niemand etwas hineinschütten kann. Achte beim Kauf auch immer darauf, dass die Flaschen noch versiegelt sind.

Konsumiere keine Drogen

Finger weg von Drogen! Davon abgesehen, dass Drogen sowieso nicht gut für dich und deinen Körper sind, stehen höhere Strafen für den Besitz und Konsum von Drogen in Thailand, als du es aus Europa gewohnt bist. Selbst für Kleinstmengen kannst du ins Gefängnis kommen oder hohe Strafen bezahlen – oder sogar beides.

Fange keinen Streit an

Auf einer Party solltest du niemals Streit anfangen und dich eventuell in eine Schlägerei oder ähnliches verwickeln lassen (erst recht nicht mit Thais!). Bei Betrunkenen sinken ganz schnell die Hemmungen, egal ob bei anderen Touristen oder Thais. Du willst deine Reise schließlich nicht im Krankenhaus oder beim Arzt verbringen.

Fahre nicht betrunken

Egal wie locker manchmal die Verkehrsregeln oder Kontrollen in Thailand erscheinen mögen, fahre niemals betrunken mit einem Auto oder Motorroller. Erstens ist es sehr wahrscheinlich, dass du einen Unfall hast und zweitens können dann ernsthafte Konsequenzen auf dich zukommen. Wenn du einen Unfall mit jemand anderem verursachen solltest, dann kann deine Reise sehr böse enden. Es gibt überall Taxis, die du nehmen kannst, wenn du trinkst.

Achte auf deine Wertsachen

Das Risiko von Taschendiebstählen ist zwar nicht viel höher als an anderen Orten weltweit, jedoch solltest du besonders auf der Full Moon Party immer auf deine Wertsachen acht geben.

FULL MOON PARTY

Jeden Monat zum Vollmond findet die **größte und bekannteste Party** von Koh Phangan statt. Die Full Moon Party zieht Tausende Besucher an, so dass in der Hochsaison teilweise **30.000** oder mehr Leute am großen Strand von Haad Rin feiern.

Ende der 80er Jahre feierten einige Touristen bei Vollmond eine kleine Party. Oft heißt es sogar eine Geburtstagsparty. Der Vollmond war so beeindruckend, dass sie diese Party wiederholten und so sprach sich das Event mit der Zeit herum. Immer mehr Leute trafen sich daraufhin zum Vollmond am Strand und die berühmte Full Moon Party war geboren.

Heutzutage wird die Party riesig über viele Plakate, Flyer und Pre-Partys angekündigt. Die Insel Koh Phangan ist die Woche um die Full Moon Party **teilweise schon überfüllt** und die ansonsten beschauliche Insel ist komplett ausgebucht.

Tagsüber geht es am Strand von Haad Rin schon los. Hier findet z.B. ein Fußballturnier vor dem *Tommy Resort* statt, es gibt schon einige Verkaufsstände am Strand und du kannst vor der Party nochmal eine kleine Abkühlung im Meer nehmen.

Die Full Moon Party am Abend findet hauptsächlich am ***Haad Rin Nok*** statt, dem Hauptstrand des Ortes Haad Rin. Jedoch ist die ganze Stadt am Abend im Partymodus und mit unzähligen Verkaufsständen gefüllt. Hier kannst du jede Menge Essen oder Trinken kaufen, dich mit Neonfarben bemalen lassen oder dich sonst irgendwie mit T-Shirts, Tanktops, Shorts etc. passend zur Party einkleiden.

Am Strand gibt es Unterhaltung pur. Du findest dort viele Verkaufsstände mit alkoholischen Getränken, Essen, Neonbemalungen,

Feuershows und natürlich diverse Musiksysteme mit lokalen und internationalen DJs.

Die **Musik** reicht von Techno bis Drum and Bass z.B. im Sunrise Resort oder Tommy Resort. Pop, Hip Hop und R & B gibt es in der Drop In Bar und der Cactus Bar. Die größte Show findest du bei den *Paradise Bungalows*. Hier begann die Full Moon Party **ursprünglich** und auch heute wird hier groß gefeiert und die DJs legen Musik zwischen House, Trance, Techno und Drum and Bass auf.

Wenn du dich etwas entspannen möchtest, gibt es **Schlafzonen** oder du kannst zu *The Rock* am südlichen Ende des Strandes gehen. Hier kannst du super chillen und die Party mal etwas aus der Ferne beobachten.

VERHALTENSREGELN FÜR DIE FULL MOON PARTY

- Gehe mit Schuhen oder Flips Flops an den Strand zum Feiern, da es im Sand desöfteren Glasscherben oder spitze Gegenstände geben kann.
- Wertgegenstände (Kreditkarte, Handy, Kamera etc.) gut verstecken oder im Hotelsafe lassen. Bei den Menschenmassen gibt es auch ein paar Taschendiebe.
- Nimm keine Drogen, auch wenn dir diese wahrscheinlich oft angeboten werden. Die Strafen in Thailand sind um einiges höher als in Deutschland und können sehr leicht im Gefängnis enden.
- Fahre nicht mit dem eigenen Roller zur Party, sondern nimm lieber ein Taxi. Fahre auch niemals unter Alkohol- oder Drogeneinfluss.
- Achte darauf, dass du geschlossene Bierflaschen oder anderen Alkohol kaufst, der für dich geöffnet wird. Grundsätzlich schenken die Bucket-Verkäufer nur ordentlichen Alkohol aus, aber es gibt auch immer ein paar schwarze Schafe.
- Achte darauf, auch immer genügend Wasser zwischendurch zu trinken. Du solltest dich schließlich immer noch beherrschen können und wissen, was du tust. Außerdem schützt es dich vor Dehydrierung.

Ort: Am gesamten Strand des Haad Rin Nok/Full Moon Beach in Haad Rin
Wann: monatlich zum Vollmond
Eintritt: 100 Baht

Bucket-Verkäufer auf der Full Moon Party

HALF MOON FESTIVAL

Zwei Mal im Monat findet das Half Moon Festival auf der Straße zwischen Baan Tai und Thong Nai Pan im **Dschungel** der Insel statt. Angekündigt wird die Party über riesige Plakate, die auf Koh Phangan überall am Straßenrand zu sehen sind. Gegenüber findest du übrigens auch den Veranstaltungsort der *Jungle Experience* (siehe Seite 113).

Das Half Moon Festival **Gelände ist relativ groß** und bietet viele Aktivitäten für die Besucher. Es gibt vor dem Eingang jede Menge zu essen und Stände, an denen du dich mit Neonfarben bemalen lassen kannst.

Auch die Dekoration des Half Moon Festivals ist sehr schön. Es gibt visuelle Projektionen, bunte UV-Lichtdekoration und vieles mehr. Die Party ist rundum ein Erlebnis.

Getränke kannst du an diversen Ständen kaufen. Diese starten bei 80 Baht für ein Bier und etwa 400 Baht für die kleinen Eimer, auch *Buckets* genannt.

Daneben gibt es **2 große Tanzflächen** (den *G-Floor* und die *Main Stage*) auf denen internationale DJs Musik spielen. Meistens wird House und Trance Musik gespielt.

Auch für ein paar weitere Annehmlichkeiten ist auf dem Half Moon Festival gesorgt. Es gibt eine Schlafzone, viele Sitzgelegenheiten, mehrere Toiletten und auch eine erste Hilfe Station.

Ort: Im Dschungel von Baan Tai
Wann: 1 Woche vor und 1 Woche nach der Full Moon Party. Genaue Infos zu Terminen gibt es auf www.halfmoonfestival.com
Eintritt: 1400 Baht an der Abendkasse (inkl. 2 Getränke und einer CD), Pre Sale 1200 Baht

BLACK MOON CULTURE

Die Black Moon Party findet einmal im Monat statt, wenn kein Mond am Himmel zu sehen ist. Direkt am Strand des ***Mac's Bay Resort*** in Baan Tai. Die Party wird oft über große Plakate und Flyer auf der Insel angekündigt.

Die Location der Black Moon Culture ist etwas kleiner und auch das Publikum ist mit **400–500 Leuten** sehr übersichtlich. Auch hier gibt es einige Stände, die Neonbemalungen anbieten und tolle Beleuchtung am Strand inklusive Schwarzlichter, die eine schöne Atmosphäre liefern.

Direkt unter freiem Himmel am Strand spielen DJs **Musik** in Richtung Psychedelic Trance und Techno. Bei manchen Partys sind neben lokalen auch internationale DJs zu Gast.

Auch Getränke werden hier direkt am Strand von Baan Tai angeboten. Darunter natürlich Bier und die kleinen *Buckets*. Preise starten bei 100 Baht.

Im Gegensatz zur Full Moon Party kommen nicht zu viele Leute hierher, so dass du eine relativ entspannte Party feiern kannst.

Ort: Mac's Bay Resort, Baan Tai
Wann: Etwa 2 Wochen nach bzw. vor der Full Moon Party
Eintritt: 600 Baht

SRAMANORA WATERFALL PARTY

Umgeben von **riesigen Felsen und Wasserfällen**, findet die Sramanora Waterfall Party mitten im Dschungel von Baan Khai statt. Auch diese Party wird über große Plakate auf der Insel angekündigt.

Das Gelände der Waterfall Party ist relativ groß und die Mainstage ist von einem kleinen Fluss umgeben. Die überdachte Tanzfläche sorgt auch bei Regen für eine tolle Party und es gibt einen **Naturpool**, indem du eine Abkühlung nehmen kannst.

Die Party ist, wie es sich für Koh Phangan gehört, mit bunten UV- und Neonlichtern dekoriert und bietet neben den Tanzflächen und Bars, die für ein großes Angebot an Getränken sorgen, auch jede Menge Essensstände an. Zusätzlich kannst du dich auch hier mit Neonfarben bemalen lassen und sogar etwas Kleidung oder Schmuck kaufen.

Im Inneren sorgen lokale und internationale DJs für Stimmung und **Musik**, größtenteils in Richtung House und Techno. Weiterhin gibt es allabendliche Feuershows und Feuerwerke für das Publikum. Eine wirklich einzigartige Party.

Ort: Im Dschungel von Baan Khai
Wann: 2 Tage vor und 2 Tage nach der Full Moon Party
Eintritt: 600 Baht (inkl. einem Drink). Vor 21.00 und nach 5.00 Uhr ist der Eintritt kostenlos.

JUNGLE EXPERIENCE

Die Jungle Experience Party findet **zwei Mal im Monat** statt. Sie wird auf der ganzen Insel über große Plakate angekündigt und in einigen der Hostels und Bars gibt es auch sogenannte Pre-Partys, bei denen du vorher etwas feiern kannst. Verpassen wirst du den Termin nicht.

Im **Dschungel** auf der Straße zwischen Baan Tai und Thong Nai Pan befindet sich das Gelände der Jungle Experience. Die Party findet draußen statt und das große Gelände ist mit viel Dekoration versehen. Zusätzlich gibt es vor Ort jede Menge Leute, die Body Painting anbieten, Tänzer und Akrobaten, Feuer- und Lichtshows. Auch ein kleiner Muay Thai Ring, in dem **Showkämpfe** für das Publikum gezeigt werden, befindet sich auf der Jungle Experience.

Zusätzlich spielen hier auf jeder Party internationale DJs. Die **Musik** ist eine Mischung aus House und Techno, wobei viel Deep oder Progressive House gespielt wird.

Weiterhin gibt es einige Getränkestände, wo du Bier, Softdrinks oder die beliebten *Buckets* mit diversen Mischungen kaufen kannst. Die Preise starten bei 100 Baht für ein Bier und 300–400 Baht für einen Bucket.

Wenn du genug vom Tanzen, Trinken oder Feiern hast, gibt es auch eine kleine **Chill-out-Area** und eine Schlafzone, in der du ein kleines Nickerchen machen kannst. Auch ein Zelt für medizinische Betreuung findest du auf der Jungle Experience. Einer guten Party steht also nichts im Weg.

Ort: Im Dschungel von Baan Tai
Wann: 10 Tage und 1 Tag vor der Full Moon Party
Eintritt: 600 Baht

Bangers & Mash Bar und die Food Factory in Thong Sala

THONG SALA

THE HUB

Dies ist eine **Sportsbar** gegenüber des Hauptpiers von Thong Sala. Auf großen Fernsehern werden hier Sportveranstaltungen live übertragen, du kannst kostenlos Billard spielen oder einfach zum Trinken und Essen kommen.

The Hub bietet eine Auswahl an alkoholischen und nicht-alkoholischen Getränken sowie westlichen Gerichten wie z.B. Burger. Besonders das große Frühstück wird sehr angepriesen.

Ort: Thong Sala, gegenüber vom Hauptpier
Wann: jeden Tag von 7.00 bis 1.00 Uhr
Eintritt: kostenlos

ESCOBAR

Die Escobar ist eine kleine Bar, die direkt an der Hauptstraße der Südküste liegt. Dort werden in unregelmäßigen Abständen z.B. **Sportveranstaltungen** wie UFC im Fernsehen übertragen.

Aber auch ansonsten ist die Bar jeden Abend geöffnet. Die Bedienung ist freundlich und die Bar hat eine tolle Einrichtung mit einer gewissen "Mafia-Atmosphäre" und Bildern von "Der Pate", "Scarface" etc.

Jeden Montag, Mittwoch und Samstag gibt es dort übrigens Killer Pool, wo du dein Billard-Talent unter Beweis stellen kannst.

Ort: Auf der Straße von Thong Sala nach Baan Tai
Wann: jeden Abend
Eintritt: kostenlos

KU CLUB

Am Strand des Beach Village Resorts befindet sich der Ku Club. Hier legen in sehr unregelmäßigen Abständen DJs auf und es werden kleinere Partys am Strand gefeiert. Die **Musik** variiert von House, Techno bis hin zu Black Music, je nachdem welcher DJ auflegt.

Ort: The Beach Village, Baan Tai/Thong Sala
Wann: unregelmäßig
Eintritt: kostenlos

SLUMBER PARTY HOSTEL & BAR

Dieses Hostel wird meistens von Backpackern besucht, die gerne Party machen. So findest du an den meisten Abenden zumindest eine kleine Party an der Bar des Hostels. Vor größeren Veranstaltungen gibt es hier auch größere **Warm-Up Partys**.

Die Bar versorgt alle Gäste mit günstigen Getränken (Bier ab 60 Baht) und vor dem Gebäude finden desöfteren **Beer Pong Turniere** während der Partys statt. Eine gute Location, um andere Reisende schon vor der Party kennenzulernen.

Ort: Thong Sala neben dem Big C Supermarkt
Wann: jeden Abend
Eintritt: kostenlos

FOOD FACTORY

Die Food Factory ist keine Bar im eigentlichen Sinne. Es ist eine **Sportsbar**, die verschiedene Sportveranstaltungen rund um die Uhr überträgt. Dort kannst du außerdem immer etwas essen. Es gibt Burger, Fingerfood und Pizza.

Natürlich gibt es in der Food Factory auch Softdrinks und alkoholische Getränke zu kaufen. Erwarte dort jedoch **keine Party**. Es ist eine reine Sportsbar, zu der du z.B. gehen kannst, wenn Welt- oder Europameisterschaften stattfinden. Die Burger sind absolut lecker und die Getränkepreise auch nicht zu hoch. Bier startet z.B. bei 75 Baht.

Ort: Kurz nach dem Big C Supermarkt
Wann: 24 Stunden täglich
Eintritt: kostenlos

BANGERS & MASH BAR

Angeschlossen an die *Food Factory*, gibt es die Bangers & Mash Bar, oft auch nur ***BM Bar*** genannt. Hier ist jeden Abend etwas los. Es gibt zwei Billardtische, diverse Sitzmöglichkeiten und reichlich Getränke.

Die Getränkeauswahl ist dieselbe wie in der *Food Factory* und auch die Preise sind dieselben, da die beiden Läden zusammen gehören. Außerdem ist hier jeden Freitagabend **Ladies Night**. Dann kosten alle Cocktails nur 99 Baht und die Bar ist oft sehr gut besucht. Dazu legt dann ein DJ etwas **Musik** auf. Meistens in Richtung Black Music und House.

Auch ansonsten werden unregelmäßig Veranstaltungen in der BM Bar abgehalten, die meistens über Flyer auf der Insel beworben werden.

Ort: Neben der Food Factory
Wann: jeden Abend
Eintritt: kostenlos

Lady Bars

Direkt neben der BM Bar und Food Factory beginnt die kleine **Rotlichtmeile** von Koh Phangan – wenn man sie denn überhaupt so nennen kann. Dort findest du ein paar der berüchtigten Lady Bars, die es in vielen Orten Thailands gibt. Grundsätzlich ist hier jedoch nicht viel los.

Meistens stehen die Frauen vor den Bars auf dem Bürgersteig oder in der Bar und versuchen Kundschaft hereinzuwinken. Die Bars werden aber auch oft einfach nur zum Billardspielen besucht, da im Inneren Tische vorhanden sind.

Auch Pärchen können hier zum **Billardspielen** herkommen oder einfach nur hingehen, um etwas zu trinken. Die Ladys lassen dich als Mann grundsätzlich in Ruhe, wenn du es nicht offensichtlich darauf anlegst mit ihnen ins Gespräch zu kommen.

Ort: Thong Sala, direkt neben der Food Factory und der Bangers & Mash Bar
Wann: jeden Abend
Eintritt: kostenlos

Baan Tai & Baan Khai

Phangan Arena

Vor vielen größeren Partys wie dem Half Moon Festival, der Full Moon Party etc. finden hier sogenannte **Warm-Up Partys** statt. Hier kannst du viele Backpacker kennenlernen und anschließend gemeinsam zur Party weiterziehen.

Auch arbeitet das Phangan Arena mit dem *Sandcastle* in Haad Rin zusammen und bietet **kostenlosen Transfer** zu deren Partys an. Es gibt einen Swimmingpool für die Gäste, Billardtische, Tischhockey oder Kicker sowie eine Bar, die dich mit vielen Getränken versorgt.

Ort: An der Hauptstraße von Baan Tai
Wann: Vor großen Partys
Eintritt: kostenlos

Loi Lay Floating Party

Jeden Sonntag findet am Pier von Baan Tai die Loi Lay Floating Party statt. Passend zum Namen ist dies eine Party auf einer Art **Hausboot**. Über einen Steg kommst du auf das Hausboot, das neben einer Bar und einer großen Tanzfläche auch ein paar Sitzmöglichkeiten bietet.

Der DJ legt in der Regel **House-Musik** auf und die Party hat eine wirklich tolle Atmosphäre. So richtig voll wird die Loi Lay Floating Party jedoch erst nach Mitternacht und dann kann es auch schon mal etwas eng werden. Die Loi Lay Party geht bis in die frühen Morgenstunden.

Ort: Am Pier von Baan Tai
Wann: jeden Sonntag
Eintritt: 200 Baht (vor 22.00 Uhr ist der Eintritt kostenlos)

BAN SABAII

Am Strand von Baan Tai findet nach jeder großen Party auf Koh Phangan die ***Ban Sabaii After Party*** statt. Sie fängt entweder direkt am Morgen nach der Party oder zum Sonnenuntergang am folgenden Tag an. Meist wird jedoch von 18.00 bis 2.00 Uhr gefeiert.

Die Partylocation direkt am Strand, umgeben von Palmen, dem Meer und viel Dekoration mit UV Lichtern und Hängematten, sorgt für eine entspannte Stimmung. Du kannst hier entweder am Strand zur Trance Musik des DJs tanzen, dich auf den Sitzmöglichkeiten oder an der Bar entspannen und wenn du Lust hast sogar eine Runde im Meer schwimmen gehen.

Auch außerhalb der After Partys wird hier die eine oder andere Party veranstaltet. Angekündigt wird dies meist auf großen Plakaten und Flyern rund um die Insel.

Ort: Auf der Einbahnstraße in Baan Tai, ein paar Meter neben dem "Koh Space" Coworking Space
Wann: Nach jeder großen Party, unregelmäßig auch an anderen Tagen
Eintritt: kostenlos

SHIVA MOON

Im Dschungel von Baan Tai findet regelmäßig die Shiva Moon Party statt. Eine etwas **kleinere Location**, umgeben von einem schönen Garten. Die DJs spielen Trance bzw. Psy Trance, es gibt jede Menge Getränke und Essen vor Ort sowie 3 Tanzflächen, die in die Natur eingebettet sind. Eine sehr beliebte Party bei **Trance Fans**.

Ort: Im Dschungel von Baan Tai, etwa 5 Minuten von der Hauptstraße entfernt
Wann: 3 Tage vor und 3 Tage nach der Full Moon Party
Eintritt: 300 Baht

INFINITY BEACH CLUB &RESTAURANT

Der moderne Beach Club liegt am Strand von Baan Tai und erwartet seine Gäste mit einem **tollen Ambiente**. Während des Tages läuft immer Musik im Infinity Beach Club, jedoch nicht zu laut, so dass Unterhaltungen immer noch möglich sind.

Es gibt zwei Restaurants, drei Bars und einen **Infinity Pool** mit Aussicht auf das Meer und die Nachbarinsel Koh Samui. Das *Zen Restaurant* und das *Big Fish Restaurant* bieten leckeres, wenn auch etwas teureres, Essen vor Ort.

Es gibt auch regelmäßig **größere Partys** im Beach Club, bei denen DJs auflegen und viele Gäste zum Feiern am Swimmingpool und Strand herkommen. Zu diesen Veranstaltungen verlängern sich dann auch die Öffnungszeiten und die Party geht bis in die Nacht hinein.

Ort: Am Strand von Baan Tai in der Nähe des Morning Star Resorts
Wann: täglich (12.00–24.00 Uhr)
Eintritt: kostenlos

L'ACOUSTIC BEACH BAR

Die L'Acoustic Beach Bar öffnet jeden Tag zum **Sonnenuntergang** für seine Gäste am Baan Khai Beach. Eine tolle und ruhige Location, um den Tag bei Live-Musik ausklingen zu lassen.

Nebenbei kannst du den **schönen Ausblick** auf das Meer genießen und im dazugehörigen Restaurant ein Dinner sowie den einen oder anderen Drink wie Bier oder Wein zu dir nehmen.

Ort: Am Strand von Baan Khai
Wann: Jeden Abend zum Sonnenuntergang
Eintritt: kostenlos

HAAD RIN

LIGHTHOUSE PARTY

Etwa **einmal in der Woche** findet eine Party bei den *Lighthouse Bungalows* statt. Über einen Holzsteg vom Leela Beach (siehe auch Seite 51) gelangst du an diese einzigartige Location, die zwischen großen Felsen direkt am Wasser liegt.

Die Partys starten jeweils um 21.00 Uhr und gehen bis in die frühen Morgenstunden. Verschiedene DJs legen **Trance Musik** für das Publikum auf und drinnen sowie draußen wird ordentlich gefeiert. Für die Drinks sorgt die Bar im Restaurant und die Stimmung ist sehr ausgelassen.

Ort: Lighthouse Bungalows, Leela Beach
Wann: Einmal in der Woche
Eintritt: 300–400 Baht

SANDCASTLE

Das Sandcastle ist eine Bar und ein Club, mitten im Ort von Haad Rin gelegen. Hier gibt es einen Innen- und Außenbereich, der für die feiernden Gäste bereitsteht.

In regelmäßigen Abständen werden im Sandcastle größere Partys, wie *Sky Circus* oder *Sound Safari* mit internationalen DJs organisiert. Größere **Sportveranstaltungen** wie z.B. Fußball werden auch im Sandcastle übertragen.

Über aktuelle Events kannst du dich auf https://www.facebook.com/SandcastleKohPhangan informieren.

Ort: Haad Rin
Wann: Jeden Abend (18.00–6.00 Uhr)
Eintritt: 300 Baht (für die Partys)

CACTUS BAR

Die Cactus Bar befindet sich direkt am *Sunrise Beach* von Haad Rin, also demselben Strand, an dem auch die Full Moon Party stattfindet. In der Bar kannst du **jeden Abend** feiern gehen. Vor der Cactus Bar am Strand gibt es tägliche **Feuershows** und auch einige Tische und Bänke, an denen du dich hinsetzen und die Show genießen kannst. Ansonsten gibt es im Inneren eine große Tanzfläche und zwei Bars, wo du deine Getränke kaufen kannst.

Meistens gehen die Partys so gegen 22.00 Uhr los, wobei es zu dieser Zeit noch relativ wenig Publikum gibt. Aber es beginnt sich langsam zu füllen. Gespielt wird sehr oft Hip Hop, R & B und wenn es etwas später wird, mischt sich die Musik auch etwas mit House.

Ort: Haad Rin Nok (Sunrise Beach)
Wann: jeden Abend
Eintritt: kostenlos

DROP IN BAR

Die Drop In Bar ist ein weiterer Club am Sunrise Beach von Haad Rin. In unregelmäßigen Abständen finden hier auch spezielle Partys statt, aber Gäste sind **jeden Abend** Willkommen. Die Bar öffnet täglich um 20.00 Uhr zum Feiern.

Die DJs spielen hier großteils Hip Hop, Pop, R&B, aber auch ein wenig House. Eine bunte Mischung also. Besonders zur Woche der Full Moon Party ist in der Drop In Bar sehr viel los. Eine tolle Atmosphäre mit täglichen **Feuershows** direkt am Strand. Auch einen kleinen Indoor-Bereich gibt es. Gefeiert wird immer bis spät in die Nacht.

Ort: Haad Rin Nok (Sunrise Beach)
Wann: jeden Abend
Eintritt: kostenlos

Feuershow in der Drop In Bar

BACKYARD AFTER PARTY

Am Morgen **nach der Full Moon Party** findet gegen 7.00 Uhr morgens die Backyard After Party statt. Sie geht bis spät in die Nacht und viele Leute, die noch nicht genug am Strand gefeiert haben, kommen hierher.

Die Party findet etwas abseits in einer Dschungelumgebung statt. Es gibt viel Platz zum Tanzen, aber auch ein paar Bereiche zum Chillen. Einige DJs der Full Moon Party kommen anschließend zum Auflegen zur Backyard After Party.

Gespielt wird ein Mix aus **allen Musikrichtungen**, jedoch meistens Progressive Trance oder House. Die Stimmung ist sehr ausgelassen und wenn du nach der Full Moon Party noch nicht genug hast, dann ist die Backyard After Party das Richtige.

Ort: Haad Rin, auf dem Hügel Richtung Leela Beach
Wann: Am Morgen nach der Full Moon Party
Eintritt: kostenlos

POOL PARTY CORAL BUNGALOWS

Vor der Full Moon Party findet in den Coral Bungalows in Haad Rin eine große Pool Party statt. Während du den ganzen Tag schon dort verbringen kannst, beginnt die richtige Party erst ab 21.00 Uhr und geht bis spät in die Nacht.

Zur Party kommst du am besten mit dem **kostenlosen Taxi** der Coral Bungalows. Vor Ort kannst du viele andere Reisende kennenlernen, schwimmen gehen, dich mit Drinks an der Bar versorgen und auch ein DJ legt internationale Musik zum Tanzen auf.

Ort: Coral Bungalows kurz vor Haad Rin
Wann: 3 Tage vor der Full Moon Party
Eintritt: kostenlos

SAMSARA BEACH

An einem **privaten Strandabschnitt**, umgeben von Palmen und schöner Natur, liegt der Samsara Beach Club. Hier kannst du direkt am Strand oder auf der überdachten Tanzfläche zu der Musik von Phangans besten DJs tanzen.

Der Beach Club ist sehr schön dekoriert und lässt ein **tolles Ambiente** aufkommen. Auch die Drinks an der Bar gibt es zu vernünftigen Preisen. Es gibt in unregelmäßigen Abständen verschiedene Partys, die meistens ab 16.00 Uhr bis spät in die Nacht gehen.

Über aktuelle Events kannst du dich auf www.facebook.com/merkabakohphangan informieren.

Ort: Auf dem Weg nach Haad Rin kurz vor dem Blue Hill Resort auf der rechten Seite der Straße
Wann: unregelmäßig, mehrmals im Monat
Eintritt: kostenlos, der Eintritt für Partys variiert

WEITERE PARTYS

L'ALCOVE

Das L'Alcove ist ein Restaurant und eine kleine familiär geführte Bungalowanlage an der Westküste von Koh Phangan. Hier gibt es hausgemachte Spezialitäten, Cocktails und ein gutes Angebot an Wein.

Täglich geöffnet, eignet sich das L'Alcove super um einen romantischen Sonnenuntergang zu verbringen. **Jeden Sonntag** gibt es zum Sonnenuntergang **Live-Musik** und es werden regelmäßig auch eindrucksvolle Feuershows für die Gäste geboten.

Ort: Ao Hin Kong
Wann: täglich 18.00–24.00 Uhr
Eintritt: kostenlos

THE JAM - ONE LOVE BAR

Jeden **Dienstag und Samstag** findet die Veranstaltung "The Jam" in der One Love Bar, ebenfalls an der Westküste der Insel, statt.

Es treten regelmäßig einige der besten **Live-Musik** Künstler von Koh Phangan auf. Die Atmosphäre ist sehr schön und ausgelassen. Wenn du möchtest kannst du auch dein musikalisches Talent zum Besten geben. The Jam wird oft als eine etwas professionellere Open Mic Jamming Session angesehen.

Ort: Ao Hin Kong
Wann: Dienstag und Samstag ab 18.00 Uhr
Eintritt: kostenlos

PIRATES BAR

Am südlichen Ende des Haad Chao Phao liegt die Pirates Bar. Die an Felsen gebaute Bar im Stil eines **Piratenschiffs** beeindruckt schon von der Kulisse. Oft gibt es bei den Partys Dekorationen mit Feuer oder auch Feuershows.

Lokale DJs legen in der Pirates Bar zu den ***Moonset Partys*** vor und nach Full Moon auf und auch ansonsten findet dort regelmäßig die eine oder andere Party statt. Für Essen und Getränke sorgt die Bar selbstverständlich auch und die Preise sind angemessen.

Ort: Haad Chao Phao
Wann: 3 Tage vor und 2 Tage nach der Full Moon Party
Eintritt: kostenlos

RASTA HOME

Am **Freitag** gibt es abends stimmungsvolle Live-Musik im Rasta Home. Die Musik-Richtung ist dem Namen nach zu urteilen natürlich **Reggae** und die Atmosphäre entsprechend sehr entspannt.

Die aus Bambus hergestellte kleine Bar ist überall mit Rastafari-Farben verziert und es gibt jede Menge Sitzmöglichkeiten sowie Hängematten zum Chillen. Angeboten werden kalte Getränke wie Bier oder Cocktails und auch etwas zu Essen kannst du dort bestellen.

Ort: An der Straße zwischen Haad Yao und Haad Salad
Wann: jeden Tag, freitags findet Live-Musik statt.
Eintritt: kostenlos

GUYS BAR

Am Haad Thian East gelegen, findest du die Guys Bar. Eine **Open Air Bar** umgeben von Dschungel mit einer tollen Atmosphäre. Es gibt Chillout-Areas, Hängematten, Kissen und DJs, die größtenteils House-Musik auflegen.

Die Guys Bar hat nur am Freitag zu ihrer berühmten ***TGIF*** (Thank God It's Friday) Party geöffnet. Die Party beginnt langsam um 22.00 Uhr. Die meisten Besucher kommen jedoch etwas später. Das Publikum besteht hauptsächlich aus "Hippies" und es herrscht eine sehr friedliche Stimmung. Die Feier geht oft bis in die frühen Morgenstunden.

Ort: Haad Thian East
Wann: jeden Freitag
Eintritt: kostenlos

EDEN GARDEN

Mit Aussicht auf das Meer, direkt an den Klippen am Strand von Haad Yuan, liegt die Eden Garden Bar. Geöffnet ist die Bar und das angeschlossene Restaurant täglich. Die große Eden Garden Party findet jedoch nur **Samstag** statt.

Die Party wird oft so beschrieben, wie die berühmte **Full Moon Party zu ihren Anfängen** gewesen sein soll. DJs spielen eine Mischung aus elektronischer Musik sowie House und Techno.

Die Atmosphäre ist ähnlich wie in der Guys Bar. Beginn ist schon um 18.00 Uhr. Viele Leute kommen jedoch erst gegen 21.00 Uhr und feiern dann bis 8.00 oder 9.00 Uhr morgens.

Ort: Haad Yuan
Wann: An den meisten Samstagen
Eintritt: kostenlos

CLUB ENGAGE

Der Club Engage ist noch relativ neu auf Koh Phangan und veranstaltet die ***Happy Sundays Party***. Ab 10.00 Uhr morgens bis 22.00 Uhr abends ist in der Nähe des *Ocean Rock Resort* am Haad Yuan im Osten der Insel feiern angesagt.

Die Location bietet Platz für ungefähr 150 Leute und ist mit Tanzflächen und Sitzmöglichkeiten ausgestattet. Es gibt zwei Bars, die für Getränke wie Bier und Cocktails sorgen und einen DJ, der elektronische Musik spielt. Regelmäßig legen auch internationale DJs auf.

Ort: Haad Yuan
Wann: sonntags
Eintritt: kostenlos

Wenn du noch **weitere Partys** oder coole Bars auf Koh Phangan kennst, die unbedingt in diesen Guide gehören, dann kontaktiere mich über meinen Blog www.homeiswhereyourbagis.com. Bei einem Update des Buches kann ich auch gerne weitere lohnenswerte Partylocations aufnehmen.

SUNSET BARS

Die Westküste von Koh Phangan bietet **traumhafte Sonnenuntergänge** und entlang dieser Küste gibt es viele Sunset Bars, die sehr beliebt bei Einheimischen und Touristen sind.

In diesem Kapitel stelle ich dir **7 Bars** vor, in denen du den Sonnenuntergang in einer tollen Atmosphäre genießen kannst.

Aussicht von der Koh Raham Bar am Haad Son

AMSTARDAM BAR

Die Amstardam Bar steht zwar in jedem Reiseführer und zum Sonnenuntergang wird es dort auch richtig voll, aber der Atmosphäre schadet das nicht. Die **Aussicht ist grandios**, die Musik sehr entspannt (nette Reggae-Tunes) und die Leute sind alle gut drauf.

Wenn du dir einen guten Platz in vorderster Reihe sichern willst, dann solltest du schon um 17.00 Uhr eintreffen. Der Sonnenuntergang ist meistens zwischen 18.00 und 18.30 Uhr und dann ist die Bar auch richtig gut besucht.

ANFAHRT:

Die Bar liegt ca. 2 Kilometer **nördlich von Thong Sala** an der Westküste. Schilder weisen dir den Weg dort hinauf. Zur Not kannst du auch jeden Taxifahrer fragen, eigentlich weiß jeder wo die Bar ist. Mit dem Roller oder dem Sammeltaxi kommst du super dort hin. Aber Achtung, wenn du das Sammeltaxi als Fahrmöglichkeit wählst, dann verhandle vorher über den Preis!

Aussicht auf Koh Tae Nai und Koh Samui

TOP ROCK BAR

Ein **kleiner Geheimtipp** nicht weit entfernt von der *Amstardam Bar*. Die Top Rock Bar ist wenig besucht, aber sehr cool. Sie bietet eine tolle Aussicht auf Koh Phangan mit der kleinen Insel Koh Tae Nai sowie Koh Samui.

ANFAHRT:

Die Fahrt zur Top Rock Bar ist in etwa dieselbe wie die zur ***Amstardam Bar***. Du fährst die Küstenstraße entlang in Richtung Norden. Kurz nach Thong Sala, ebenfalls ca. 2 Kilometer, findest du auf der rechten Seite ein Schild zur Top Rock Bar. Diese befindet sich kurz vor der Amstardam Bar. Dort kannst du an der Straße deinen Roller abstellen und die Treppen zur Bar hinaufgehen.

Auch den Sonnenuntergang kannst du von hier sehen, jedoch ist die Bar nicht in Richtung von diesem ausgerichtet. Die Top Rock Bar bietet eine ruhige Atmosphäre und kühle Drinks, um den Tag ausklingen zu lassen. Hier findest du außerdem garantiert einen Platz. Auch die Besitzer sind sehr cool drauf.

KOH RAHAM

Koh Raham ist eine Bar, die am ***Haad Son Resort*** angeschlossen ist. Sie befindet sich auf einer kleinen "Insel" mit Blick auf den Golf von Thailand sowie die umliegenden Strände.

Die Bar selbst ist nicht nur zum Sonnenuntergang gut geeignet, sondern auch tagsüber kannst du dort eine schöne Zeit verbringen. Von hier aus kannst du nämlich direkt ins Wasser. Vor der Bar sammeln sich viele Fische, so dass du dort super **schnorcheln** kannst.

Zum Sonnenuntergang wird die Bar sehr voll, so dass du für diesen rechtzeitig vorbeischauen solltest. Es läuft Musik im chilligen House-Stil und es werden leckere Cocktails und Biere serviert. Auch Essen kannst du hier bestellen. Sollte die Bar mal zu voll sein, kannst du davor in der Bar des *Haad Son Resorts* sitzen und ebenso den Sonnenuntergang genießen.

ANFAHRT:

Die Bar liegt **innerhalb** des *Haad Son Resorts* an der Westküste von Koh Phangan. Wenn du derselben Straße wie der zur *Amstardam Bar* weiter folgst, etwa 10–15 Minunten, kommst du auf einem Berg am Haad Son Resort an. Hier fährst du links hinein und folgst den **Koh Raham Schildern**. Parke deinen Roller einfach beim Resort oder lass dich von einem Sammeltaxi absetzen und gehe hinunter bis ans Ende. Jetzt bist du sozusagen auf der kleinen felsigen Insel Koh Raham.

Koh Raham vom Haad Son Viewpoint

THONG YANG BAR

Scheinbar immer noch ein **kleiner Geheimtipp**, da ich der einzige Gast zum Sonnenuntergang war. Warum weiß ich auch nicht, denn die Aussicht ist richtig cool. Im Hintergrund läuft relaxte Lounge-Musik und trägt seinen Teil zur entspannten Atmosphäre bei.

Hier brauchst du nicht unbedingt früh kommen, denn die Bar ist eigentlich nie gut besucht. Ich kann mir aber gut vorstellen, dass dies eines Tages so sein wird. Also unbedingt besuchen!

ANFAHRT:

Die Bar liegt auf einem **Hang in Richtung Haad Rin**. Wenn du aus Richtung Thong Sala kommst, dann ist das schon ein gutes Stück. Etwa 15 Minuten Fahrtweg. Von dort sind es noch ca. 2 ½ Kilometer nach Haad Rin. Zur Bar gehört auch ein Resort und die Bar ist gut beschildert, so dass du sie nicht verfehlen solltest.

THREE SIXTY BAR

Die Three Sixty Bar ist eine der neueren Sunset Bars auf Koh Phangan. Sie liegt auf einem Hügel mit herrlicher Aussicht über den *Haad Mae Haad* Strand und die davor liegende Insel *Koh Ma*.

Zum Sonnenuntergang kann es hier schon mal sehr voll werden und du solltest am besten **rechtzeitig kommen**, um dir einen Sitzplatz mit toller Aussicht zu sichern. Der Sonnenuntergang mit der Insel Koh Ma im Vordergrund und Koh Tao in der Ferne ist fantastisch. In der Three Sixty Bar wird chillige Reggae-Musik gespielt und auch ansonsten ist die Atmosphäre sehr gelassen und relaxt. **Meine Lieblingsbar** für einen Sonnenuntergang über Koh Phangan.

ANFAHRT:

Die Three Sixty Bar ist relativ einfach zu finden. Du musst einfach in Richtung *Haad Mae Haad* und Koh Ma fahren, der Strand im Nordwesten der Insel. Dies kannst du entweder über die Küstenstraße im Westen machen, bei der du durch Srithanu, Haad Yao etc. fährst oder durch die Mitte der Insel über Chaloklum. Vor der Einfahrt nach Haad Mae Haad geht es einen Hügel hinauf zum ***Utopia Resort*** (du siehst dort ein großes Schild über der Straße). Diesen Berg befährst du wenige Meter und siehst auch schon die "Three Sixty" **Schilder**. Auf der linken Seite folgst du den Schildern und biegst in einen Sandweg ein. Diesem folgst du immer weiter den Hügel hinauf. Am Ende siehst du ein nicht fertiggestelltes Gebäude. Dort kannst du deinen Roller parken und dahinter links befindet sich die Bar.

SUNSET WALK

Der in Baan Tai liegende Sunset Walk ist eine neu erbaute Strandbar mit gemütlichen Sitzmöglichkeiten in der Nähe des Wassers und einem tollen Ausblick auf Koh Samui.

Die gepflegte und sehr große Anlage bietet neben der schön beleuchteten Bar auch einige Shops und ein Restaurant. Die Atmosphäre ist sehr entspannt und die angebotenen Cocktails sind sehr lecker.

Wenn du den Sunset Walk besuchen möchtest, dann mach dies am besten zwischen 17.00 und 20.00 Uhr zur **Happy Hour.** Es gibt ausgewählte Cocktails zum Preis von 100 Baht pro Stück. Absolute Empfehlung!

ANFAHRT:

Die Einfahrt zum Sunset Walk liegt auf der Küstenstraße in Baan Tai. Wenn du die Straße von Thong Sala in Richtung Haad Rin fährst, kommst du auf der linken Seite an einer **großen Tankstelle** mit einem 7-Eleven vorbei. Kurz davor auf der rechten Seite (also der Meeresseite) befindet sich die Einfahrt. Sie ist auch mit "Sunset Walk" beschildert. Du erkennst die Einfahrt auch leicht an den abends beleuchteten *Absolut Vodka* Pfeilern.

Aussicht auf Koh Tae Nai und Koh Tae Nok

SECRET MOUNTAIN

Die Secret Mountain Bar ist noch ein richtiger **Geheimtipp**! Nur wenige Besucher finden den Weg auf den Berg mit beeindruckender Aussicht über Koh Phangan bis hin nach Koh Samui. Vor Ort gibt es Essen und Getränke sowie einen Swimmingpool für die Gäste.

Zum Sonnenuntergang eine sehr coole Location, wo du fast ungestört bist. Du kannst jedoch dort auch den ganzen Tag verbringen und am Swimmingpool entspannen.

ANFAHRT:

Die Einfahrt zum Secret Mountain liegt etwas versteckt. Auf der Straße von Thong Sala nach Chaloklum in den Norden kommst du **kurz nach Thong Sala** an der **großen Polizeistation** vorbei. Kurz danach biegst du rechts in Richtung Inselmitte ab. Du folgst der Straße nun gute 5 Minuten, bis auf der rechten Straßenseite ein kleines "Secret Mountain" **Schild** zu sehen ist und biegst dort links ab. Danach biegst du nach rechts ab auf einen Sandweg und folgst diesem immer weiter. Etwa 5 Minuten geht es weiter den Berg hinauf und am Ende kommst du am Secret Mountain an.

Vorsicht beim Parken deines Rollers, die Straße und der Parkplatz sind **sehr steil**. Überprüfe also beim Abstellen des Rollers, ob er fest und sicher steht.

14. ESSEN GEHEN

Kleiner Thai Shop in Chaloklum

ALLGEMEINES ZUM ESSEN IN THAILAND

Thailänder lieben es zu essen und die thailändische Küche gilt als eine der **besten in Asien**, wenn nicht sogar weltweit. Die Küche ist sehr vielfältig und bietet viele verschiedene Gerichte von Suppen und Salaten bis hin zu diversen Reis- und Nudelgerichten.

Gegessen wird in Thailand in der Regel mit dem **Löffel und einer Gabel**. Einige Gerichte sogar auch mit der Hand. Da die Gerichte sehr klein geschnitten sind, wird kein Messer benötigt und meistens ist auch keins vorhanden. Die Gabel wird grundsätzlich nur genutzt, um das Essen auf den Löffel zu schieben. Messer gibt es vor allem in westlichen Restaurants, wenn du ein Stück Fleisch o.ä. bestellst. Bei **Nudelgerichten** wie z.B. *Pad Thai* oder Nudelsuppen gibt es zum Essen oft einen Löffel und Stäbchen. Wenn dir das Stäbchenessen nicht liegt, bekommst du aber auch immer eine Gabel.

Tipp: Wenn du dir Sorgen über die **Hygienezustände** machen solltest, dann wähle doch Garküchen oder Thai Shops, wo auch viele Einheimische essen. Wenn die Thais das Essen dort vertragen, dann kannst du das grundsätzlich auch (siehe auch auf Seite 148 im Kapitel "Gesund bleiben").

Die Möglichkeiten in Thailand essen zu gehen sind wirklich großartig, auch auf Koh Phangan. Es gibt sehr viele **Garküchen und Straßenstände**, die leckeres Essen in allen möglichen Variationen anbieten. Genauso viele **Restaurants** gibt es aber auch. Besonders in den Touristenorten, wo sich ein Restaurant an das nächste reiht. Wenn du bei einem längeren Aufenthalt nicht auf westliches Essen verzichten möchtest oder einfach mal wieder Appetit darauf hast, bieten viele dieser Restaurants auch einige westliche Gerichte wie Pizza, Pasta oder Steak an.

Grundsätzlich musst du dich jedoch darauf einstellen, dass die Gerichte in den Restaurants und vor allem westliche Gerichte auf Koh Phangan **teurer** sind, als die günstigen Gerichte in den Garküchen und an den Straßenständen. Trotzdem sind die Preise selbstverständlich immer noch deutlich günstiger als in Europa.

Mein Favorit sind definitiv die **Garküchen**. Du siehst wie alles frisch zubereitet wird, zahlst deutlich weniger als im Restaurant und bekommst ein wirklich super Essen. Die Preise liegen meist so zwischen 60–80 Baht (also 1,50–2 €). Oft gibt es sogar noch kostenloses Wasser dazu.

Wenn es doch mal ins Restaurant geht, bevorzuge ich die **Thai Shops**. Die sind immer noch günstiger als die Touristenrestaurants und meiner Meinung nach auch viel leckerer.

Hinweis: Die thailändische Küche bietet oft scharfe Gerichte an. Normalerweise wird für Touristen der Schärfegrad aber deutlich gesenkt. Wenn du **wirklich scharf** essen möchtest, dann benutze beim Bestellen die Worte "*pet pet*", das heißt in etwa so viel wie "sehr scharf". Wenn du hingegen **nicht scharf** essen möchtest – dann benutze "*mai pet*", was so viel heißt wie "nicht scharf".

FOOD GUIDE

Wie im vorherigen Kapitel erwähnt, ist die thailändische Küche weit über ihre Landesgrenzen hinaus bekannt und gilt als eine der **besten Küchen in Asien sowie weltweit**. Leckeres Thai Food ist oft sehr frisch, gesund und natürlich scharf. Für die Besucher Thailands wird jedoch in der Regel nicht so scharf gekocht, da Touristen dies nicht gewohnt sind.

Die exotische Küche Thailands hat das Thai Food weltweit bekannt gemacht und erstmalige Besucher Thailands sind leicht von dem reichhaltigen Angebot an Gerichten überfordert. Überall riecht es nach Essen, es gibt Unmengen an Restaurants und Garküchen auf der Straße. Ganz anders als zu Hause.

Hier möchte ich dir einmal eine kleine Auswahl zum Probieren mit auf den Weg geben. Ich habe sie alle probiert und diese kulinarischen Highlights gehören mittlerweile zu meinen **Lieblingsspeisen**!

SALATE (ISAAN-GERICHTE)

SOM TAM POO PLARA
ส้มตำปูปลาร้า

Papayasalat mit Krabben und Anchovis-Sauce

Som Tam (Papaya-Salat) ist wohl eines der bekanntesten Gerichte in Thailand. Es gibt unzählige Variationen dieses Salates (je nachdem aus welcher Region diejenigen kommen, die ihn zubereiten). *Som Tam Korat*, *Som Tam Thai*, *Som Tam Poo Plara* und noch einige mehr.

Meine Lieblingszubereitung ist jedoch *Som Tam Poo Plara*. Papayasalat mit einer Handvoll Chilis, einer halben Limette, 2–3 Tomaten, ein paar grünen langen Bohnen und natürlich jeder Menge Papaya. Das Ganze wird dann mit Fischsauce, Umami, gesalzenen Krabben und einer speziellen Anchovissauce gemischt.

Preis: 30–50 Baht

Som Tam Poo Plara

LAAB MOO
ลาบหมู

Schweinesalat mit frischen Frühlingszwiebeln und Petersilie

Larb Moo oder Laab Moo wird allgemein auch gerne als "Schweinesalat" bezeichnet. Nicht nur in der Region *Isaan* wird es gerne gegessen, sondern es ist auch das Nationalgericht der Laoten.

Im Endeffekt ist es gehacktes Schweinefleisch, das kurz gebraten wird. Dazu kommt dann ein wenig Limette, Minze, Koriander, Chili, Frühlingszwiebeln, Zucker und die übliche Fischsauce. Laab Moo lässt sich gut mit dem Papaya-Salat und Klebereis (Sticky Rice) kombinieren.

Preis: 60–80 Baht

SOUP NO MAI
ซุปหน่อไม้

Bambussalat mit Chili und Zwiebeln

Soup No Mai ist ein Bambussalat. Seine Zutaten sind geschnittener junger Bambus, Chili, Zwiebeln, Umami, Fischsauce (wie in jedem Gericht) und Anchovissauce. Das Ganze wird in heißem Wasser gekocht. Am besten schmeckt mir der Salat, wenn er noch warm ist! Bambus essen ist vielleicht etwas ungewöhnlich, aber sehr lecker.

Preis: ca. 60 Baht

SUPPEN

KUAI TIAO (PLA / MOO / GAI / NUEA)
ก๋วยเตี๋ยว

Nudelsuppe Fisch / Schwein / Huhn / Rind

Leckere Nudelsuppe. Die Suppe besteht aus einer klaren Brühe und ist mit Fleischbällchen und dem bestellten Fisch/Fleisch aufgefüllt. Normalerweise ist sie nicht scharf. Die Nudelsuppe kannst du dir selbst mit Chilipulver, Fischsauce, Zucker etc. nachwürzen.

Preis: ca. 50 Baht

BAMI KIAU MOO GROB / MOO DAENG
บะหมี่เกี๊ยวหมูกรอบ

Nudelsuppe mit gelben Nudeln, Teigtaschen und Schwein

Eine Nudelsuppe mit gelben Nudeln und knusprigem Schwein sowie kleinen *Wonton*-Teigtaschen. Die Suppe ist im Endeffekt eine klare Brühe, in der die Nudeln gegart werden. Dazu kommt noch etwas klein geschnittenes Gemüse (oft eine Art Sellerie), die Teigtaschen mit Fleischfüllung und knuspriges Schwein (*Moo Grob*).

Die Suppe gibt es aber auch in anderen Varianten mit rot gegartem Schwein (*Moo Daeng*) und auch komplett ohne Suppe, also das ganze Gericht trocken. Würzen musst du dir die Suppe selbst mit den auf dem Tisch vorhanden Gewürzen wie Fischsauce, Chilipulver, gemahlenen Erdnüssen, Essig mit eingelegten Chilis etc.

Preis: ca. 60 Baht

Bami Kiau Moo Grob

TOM YAM GOONG
ต้มยำกุ้ง

Scharfe Shrimpsuppe

Eine der bekanntesten Suppen aus dem Königreich Thailand. Dies ist eine sauer-scharfe Suppe mit Shrimps, Gemüse und Zitronengras. Sehr lecker, aber bringt den einen oder anderen gerne zum Schwitzen. Wahlweise wird hierzu auch Reis bestellt, damit die Suppe noch etwas mehr sättigt. Es gehört für jeden Thailandbesucher dazu, diese mal zu probieren.

Tom Yam gibt es übrigens auch in verschiednen Varianten mit Fisch, Hähnchen etc.

Preis: ca. 100 Baht

KHAO SOI

ข้าวซอย

Würzige Currysuppe mit Nudeln und Kokosmilch

Khao Soi ist ein von den Burmesen beeinflusstes Gericht, das meistens nur im Norden Thailands oder in Laos serviert wird. Außerhalb dieser Regionen findest du dieses Gericht sehr selten vor.

Die Suppe ist im Endeffekt ein würziges Curry mit Kokosmilch, Nudeln und Fleisch. Meistens wird hier ein Hähnchenschenkel serviert, der so zart ist, dass das Fleisch schon fast von alleine vom Knochen abfällt. Aber auch andere Fleischsorten können in einigen Läden bestellt werden. Garniert wird Khao Soi mit frittierten, knusprigen Nudeln.

Preis: ca. 60 Baht

REISGERICHTE

PAD KRA PAO MOO

ผัดกระเพราหมู

Gebratenes, gehacktes Schwein mit scharfen Basilikumblättern und Chili

Pad Kra Pao findest du grundsätzlich in jedem Restaurant und jeder Garküche, es sei denn es werden nur Suppen serviert. Auf der Karte steht meistens *Fried Minced Pork With Holy Basil Leaves* o.ä. Dies bedeutet auf Deutsch etwa "gehacktes und gebratenes Schweinefleisch mit Basilikum".

Zubereitet wird Pad Kra Pao ganz einfach. Es werden zuerst Chilis mit Knoblauch angebraten. Dann kommen Fleisch und lange grüne Bohnen hinein. Verfeinert wird das Gericht standardmäßig mit Fischsauce, Zucker, Austernsauce, Sojasauce und zum Schluss scharfem Thai-Basilikum. Serviert wird selbstverständlich Reis zum Pad Kra Pao.

Preis: ca. 80 Baht

Pad Kra Pao Moo

KHAO PAD (GAI / MOO / NUEA / SEAFOOD (THALEE))

ข้าวผัด

Gebratener Reis mit Huhn / Schwein / Rind / Meeresfrüchten

Dies ist das wohl typischste Reisgericht der thailändischen Küche. Gebratener Reis mit Fleisch und Gemüse. Dazu gibt es extra Chilis in einer Fischsauce zum Nachwürzen für diejenigen, die gerne scharf essen. Jeder Besucher Thailands wird dieses Gericht sicherlich mindestens einmal probieren.

Preis: ca. 50 Baht

PANAENG

พะแนง

Curry mit Panaeng Paste in Kokossoße mit Fleisch nach Wahl

Dies ist ein Gericht aus der klassischen Thai-Küche: *Panaeng Curry*. Die Zubereitung findet mit der entsprechenden Panaeng-Paste statt. Diese wird der im Wok erhitzten Kokosmilch hinzugefügt und verrührt. Darin wird das Fleisch nach Wahl (Schwein, Huhn, Rind) dann gebraten.

Zusätzlich kommen Chilis, Knoblauch und etwas Gemüse (grüne Bohnen oder ähnliches) hinzu. Garniert wird das Panaeng Curry dann meistens mit klein geschnittenen Zitronenblättern. Im Gegensatz zu anderen Curries gibt es hier jedoch relativ wenig Soße. Grundsätzlich ein scharfes Gericht, kann aber auch nicht scharf bestellt werden.

Preis: ca. 80 Baht

Panaeng Moo

GAENG KIAW WAN (GAI / MOO / NUEA)

แกงเขียวหวาน

Grünes Curry mit Huhn / Schwein / Rind

Das grüne Thai-Curry ist bei vielen Besuchern Thailands gleichermaßen bekannt und beliebt. Die grüne Currypaste wird in Kokosmilch angebraten. Danach wird das Fleisch in der Suppe des Currys gekocht und am Ende das Gemüse dazugegeben.

Als letztes wird das Green Curry, wie es meist genannt wird, noch mit ein paar Basilikumblättern garniert und dann ist es fertig zum Servieren. Dazu wird Reis gereicht. Das Fleisch kann je nach Wahl Hühnchen, Schwein oder Rind sein. Seafood wird mit Green Curry eher weniger gegessen.

Preis: ca. 80 Baht

PAD PAK BUNG

ผัดผักบุ้ง

Gebratener Wasserspinat

Pad Pak Bung ist meistens ein vegetarisches Gericht, kann jedoch auch mit Fleischbeilage bestellt werden. Die englische Bezeichnung auf den Menüs lautet *Fried Morning Glory*. Du kennst dieses Gemüse vielleicht eher unter dem Namen Wasserspinat.

Der Wasserspinat wird hierbei mit Chilis und Knoblauch gebraten. Eignet sich sehr gut als einzelnes Gericht, aber auch immer als Beilage zu weiteren Speisen.

Preis: ca. 60 Baht

PAD PRIK GAENG

ผัดพริกแกง

Gebratenes rotes Curry mit Fleisch

Dies ist ein gebratenes rotes Curry, das grundsätzlich scharf ist. Das Fleisch wird in dem Curry gebraten und mit etwas Gemüse wie grünen Bohnen ergänzt. Verfeinert wird Pad Prik Gaeng natürlich mit Zucker, Fischsauce etc. und zum Schluss noch Kaffir-Limettenblättern. Diese geben zwar etwas Geschmack, sind aber nicht zum Mitessen geeignet. Serviert wird dazu selbstverständlich Reis.

Preis: ca. 60 Baht

Pad Prik Gaeng Gai

NUDELGERICHTE

PAD THAI
(GAI / MOO / NUEA / SEAFOOD (THALEE))
ผัดไท

Gebratene Nudeln mit Huhn / Schwein / Rind / Meeresfrüchten

Traditionelles Nudelgericht Thailands, welches mit Erdnüssen, Knoblauch, Zwiebeln und Ei gebraten wird. Im Original gibt es dieses Gericht mit Shrimps und Tofu-Würfeln, aber auch jede andere Kombination wird angeboten. Das heißt du kannst natürlich auch Hühnchen, Schwein etc. anstatt den Shrimps wählen. Sehr lecker und sehr zu empfehlen!

Preis: ca. 50 Baht

Thai Sukiyaki (trockene Variante)

SUKIYAKI / SUKI
(GAI / MOO / NUEA / SEAFOOD (THALEE))
สุกี้

Gemüsebrühe mit Nudeln und Fleisch

Das Sukiyaki in Thailand hat nicht viel Ähnlichkeit mit der japanischen Variante, außer dem Namen. Das Gericht wird wie bei einer Art Fondue zubereitet. Die Nudeln, das Fleisch, das Gemüse und das Ei werden in einer heißen Brühe gekocht. Dazu wird eine würzige Sukiyaki-Sauce serviert, die den Geschmack des Gerichtes ausmacht.

Du kannst das Thai Suki entweder als eine Art Suppe bestellen (*Suki Nam*) oder auch trocken. Das Ganze sieht etwas zusammengemanscht aus, schmeckt aber sehr lecker.

Preis: ca. 60 Baht

RAT NA
ราดหน้า

Dickflüssige Brühe mit Reisnudeln, Gemüse und Fleisch

Ein weiteres Nudelgericht der thailändischen Küche. Ursprünglich war es ein Thai-Chinesisches Gericht. Es wird mit breiten Reisnudeln, Fleisch nach Wahl, etwas Gemüse wie Karotten oder Sellerie zubereitet. Serviert wird Rat Na in einer dickflüssigen Brühe.

Das Gericht wird außerdem mit den in Thailand typischen Gewürzen verfeinert. Fischsauce, süßer Sojasauce, Zucker und etwas Pfeffer. Es schmeckt auf jeden Fall viel besser als es aussieht.

Preis: ca. 70 Baht

YAM WOONSEN
ยำวุ้นเส้น

Scharfer Glasnudelsalat

Dies ist ein scharfer Glasnudelsalat, der oft lauwarm serviert wird. Den Salat gibt es in vielen verschiedenen Zubereitungsarten mit Fleisch, Seafood oder auch vegetarisch.

Die Zutaten des Salates sind jede Menge Chilis, Glasnudeln, Zwiebeln, Tomaten, Knoblauch, Sellerie und deine Wahl an Fleisch. Sehr beliebt ist auch die gemischte

Variante, in der von jeder Fleischsorte einfach ein bisschen im Salat vorhanden ist.

Preis: ca. 60 Baht

SONSTIGE SPEISEN

PLA DUK YANG
ปลาดุกย่าง

Gegrillter Wels

Ursprünglich aus der *Isaan* Region. In ganz Thailand auch gerne als *Barbeque Catfish* bezeichnet. Pla Duk Yang ist gegrillter Wels (Katzenfisch). Meistens wird er mit Zitronengras für den guten Geschmack und Geruch ein wenig gefüllt und vor dem Grillen in "Schweinepulver" und Salz eingelegt.

Preis: 60–80 Baht

Pla Duk Yang (Catfish)

PLA NIN
ปลานิล

Gegrillter Buntbarsch

Noch ein weiterer Fisch, den ich absolut lecker finde. Es ist ein Buntbarsch, der mit viel Salz eingerieben und dann so gegrillt wird. Manchmal wird er für den guten Geschmack noch ein wenig mit Zitronengras oder Limonenblättern gefüllt. Dazu wird meist eine scharfe Soße serviert.

Preis: 150–200 Baht (je nach Größe/Gewicht)

LUK CHIN PING (PLA / MOO / NUEA / SQUID (PLA MUEK))
ลูกชิ้นปิ้ง

Gegrillte Bällchen am Spieß aus Fisch, Schwein, Rind, Tintenfisch

Ein kleiner Snack für Zwischendurch. Gegrillte Fleischspieße, die du in der Hand essen kannst. Dazu gibt es meistens etwas scharfe Soße. In Thailand findest du diese Spieße bei vielen mobilen Garküchen.

Preis: ca. 10–15 Baht

Luk Chin Ping

DESSERTS

KHAO NIAU MA MUANG
ข้าวเหนียวมะม่วง

Süße Mango mit Klebereis ("Mango Sticky Rice")

Die beliebteste Nachspeise Thailands. Hierbei wird der Klebereis (*Sticky Rice*) mit einer dickflüssigen Kokoscreme, Zucker und Salz zubereitet. Dazu gibt es frische, süße gelbe Mango, die in Stücke geschnitten wird. Das Ganze wird ebenfalls mit Kokossauce ergänzt und schmeckt absolut fantastisch.

Preis: ca. 50 Baht

KHAO TOM MUD
ข้าวต้มมัด

Süßer Klebereis in Bananenblättern

Dieses Dessert wird aus Klebereis, Kokosmilch, Zucker und süßen schwarzen Bohnen gemacht. Das Gericht wird danach in Bananenblätter eingerollt und auch so serviert. Du musst die Bananenblätter dann selbst öffnen und heraus kommt eine etwas klebrige Masse, die süß und lecker ist.

Preis: ca. 20 Baht

Info: Die Preise sind nur **ungefähre Angaben**, da diese natürlich von Restaurant zu Restaurant oder Garküche abweichen können. Dies sind nur Richtwerte anhand der thailändischen Garküchen.

KHANOM THIEN
ขนมเทียน

Süßer, klebriger Kuchen in Bananenblättern

Bei diesem Nachtisch werden Tapiokamehl und Erdnüsse in einen nassen Kuchen eingearbeitet und ebenfalls in ein Bananenblatt eingerollt. Du findest es an vielen Straßenständen, die thailändische Desserts anbieten. Sehr süß und klebrig, aber auch sehr gut.

Preis: ca. 20 Baht

Achtung: Beachte bitte, dass in Thailand beim Essen **niemals gefeilscht** wird. Egal ob in einer Garküche, einem Thai Shop oder auf dem Markt.

RESTAURANTEMPFEHLUNGEN

RESTAURANT- UND GARKÜCHEN-EMPFEHLUNGEN

Auf Koh Phangan gibt es zahlreiche Restaurants. Diese reichen von einfachen thailändischen Garküchen bis hin zu teureren westlichen Restaurants. Viele der Garküchen haben jedoch keinen Namen, deswegen beschreibe ich ihre ungefähre Lage.

THONG SALA

- **Nira's Home Bakery** – tolles Café mit leckerem Kuchen, Kaffee und Shakes
- **Vintage Burgers** – sympatischer Besitzer, liebevolle Einrichtung und sehr gute Burger
- **Ban Sam Pao** – lokales Restaurant, thailändische Küche und Thai Barbecue
- **Lokale Garküche** kurz nach Tesco Lotus gegenüber vom Goldshop – gute thailändische Küche und leckere Nudelsuppen
- **Tölzer Hütte** – deutsche und österreichische Küche in der Nähe der Walking Street, Bundesliga Live-Übertragung
- **Lokale Garküche** neben kleiner Werkstatt kurz nach dem 7-Eleven Richtung Haad Rin. Zu erkennen am gelben Schild. Die leckerste Nudelsuppe der Insel.
- **Ando Loco** – mexikanische Küche
- **Lokale Garküche** gegenüber des Phangan Island View Hotels. Die beste Isaan-Küche der Insel und weitere Gerichte der thailändischen Küche.
- **O Sole Mio** – Hotel und italienisches Restaurant direkt am Strand, Einfahrt beim 7-Eleven gegenüber von Makro. Die leckerste Pizza von Koh Phangan.
- **Outlaw Saloon** – neben dem Big C, vor allem für ein gutes Steak und das Sunday Roast bekannt
- **Krua Suphan** – kurz vor der Food Factory, traditionelles Thai BBQ (All you can eat)
- **Food Factory** – 24 Stunden geöffnete Sportsbar mit Burgern und Pizza
- **Auddy Restaurant** – lokale thailändische und Isaan-Küche gegenüber der Food Factory. Bietet auch Nudelsuppen an.

BAAN TAI

- **Nong View** – leckere thailändische Küche zu fairen Preisen, große Auswahl
- **Lokale Garküche** neben dem Luna Cafe. Bietet auch günstige Nudelsuppen an
- **Life Style** – günstiges Thai Food und sehr leckere Fruchtshakes
- **Sweet'n Salt** – französisches Café mit hervorragendem Kuchen und tollem Frühstück
- **Bite Delight** – Restaurant mit kleinen Köstlichkeiten, empfehlenswerte Tapas
- **Bubba's Coffee Bar** – super Frühstück und toller Kaffee aus thailändischem Anbau

- **Fisherman's Restaurant & Bar** – direkt am Strand mit schöner Aussicht und leckerem Seafood
- **Baan Paen Restaurant** – günstiges Thai Food und leckere Nudelsuppen
- **Fabio's Restaurant** – authentisches italienisches Essen, leckere Pizza

HAAD RIN

- **Monnalisa** – leckere italienische Küche, selbstgemachte köstliche Pizza
- **No Name Thai Food** – authentische Thai-Küche zu günstigen Preisen
- **Mama's Schnitzel** – gute Auswahl an westlicher Küche, empfehlenswert sind vor allem die Schnitzel
- **Crazy Elephant** – lokale Küche, super Service und faire Preise
- **Lokale Garküchen** in einer kleinen Straße gegenüber Nira's Home Bakery, Thai Food, Isaan Food, Shakes etc.
- **Thong Yang Seaview** – fantastische Aussicht auf die Insel mit gutem Thai Food

SRITHANU

- **Karma Kafe** – beliebtes Restaurant mit veganer Bio-Küche
- **Cookies Cafe** – kleines Café mit leckerem Kaffee und Shakes
- **Lokale Garküchen** schräg gegenüber vom Cookies Cafe, leckere thailändische und Isaan-Küche
- **Mama Pooh's Kitchen** – authentische thailändische Küche
- **Akasha Home Restaurant** – veganische Küche und leckere Eiscreme

CHALOKLUM

- **Nong M Seafood** – Thai Food und leckeres Seafood mit toller Aussicht auf Chaloklum Beach und das Meer
- **Pha Thai Food** – thailändische Küche und Nudelsuppen, gute Preise
- **The Worlds End Cafe and Bar** – leckeres Frühstück, tolle Säfte und vegetarisches Essen
- **Harmony** – kleines Restaurant mit reichlich Auswahl und auch vegetarischer Küche
- **Ristorante Rimini** – keine riesige Auswahl, dafür köstliche italienische Küche

HAAD YAO

- **House People** – leckere thailändische und westliche Küche, Happy Hour mit Cocktails zwischen 16.00 und 20.00 Uhr
- **Pura Vida Cafe** – vegetarisches Essen, gesunde Shakes und selbst gebackenes Brot zum Frühstück
- **Haad Yao Lounge & Fitness** – leckeres Thai Food mit toller Aussicht auf die Bucht und das Meer

HAAD SALAD

- **Jumpahom Restaurant** – freundliche

Besitzerin, die mit Liebe kocht. Sehr lecker und gemütlich.

- **Ying Ying's Kitchen** – tolles Thai Food zu günstigen Preisen
- **Salad Hut Restaurant** – frisches Essen, große Auswahl an thailändischer und westlicher Küche
- **Peppercorn** – relativ hohe Preise, dafür absolut leckere Steaks

WOK TUM

- **Petty's Place** – hervorragendes Essen. Thai Food plus europäische Küche. Besonders empfehlenswert ist das Massaman Curry.

THONG NAI PAN

- **Rasta Baby** – gemütliche Atmosphäre auf Sitzkissen, Reggaemusik und super Thai Food
- **Luna Lounge** – nobles Restaurant, teurere Preise aber köstliches Essen mit guter Auswahl an thailändischer und westlicher Küche
- **The Living Room** – familiäres italienisches Restaurant und hausgemachte Pasta und Pizza
- **Sand in my Shoes** – stilvolles Restaurant direkt am Strand, westliche und thailändische Küche. Etwas teurere Preise, aber sehr lecker.

Wenn du noch **weitere empfehlenswerte** Restaurants oder Garküchen auf Koh Phangan kennst, die deiner Meinung nach unbedingt in diesen Guide gehören, dann kontaktiere mich über meinen Blog www.homeiswhereyourbagis.com. Bei einem Update des Buches kann ich auch gerne weitere Essensmöglichkeiten mit aufnehmen.

15. SICHERHEIT & VERHALTEN

Straße nach Haad Rin

ALLGEMEINES ZUR SICHERHEIT

WIE SICHER IST THAILAND?

Grundsätzlich ist das Land **sicher zu bereisen**. Sowohl als Mann und als Frau. Wenn du mit gesundem Menschenverstand, wie du ihn auch in deinem Heimatland benutzt, an die Erkundung von Orten herangehst, sollte dir im Normalfall nichts passieren.

Trage jedoch am besten deinen Schmuck nicht öffentlich zur Schau oder präsentiere dein **Geld** großzügig auf offener Straße. Das könnte die Einheimischen neidisch machen, da die Thailänder oft nicht so viel Geld verdienen. Viele leben in etwas ärmeren Verhältnissen und du möchtest sicherlich keinen Diebstahl, Überfall etc. provozieren.

Ebenso halte dich am Abend am besten von größeren Gruppen **betrunkener Einheimischer** fern. Niemand weiß, wer diese Leute sind. Es kann alles gut ausgehen und du ein paar neue Freunde finden, aber es kann auch in die andere Richtung gehen. Lass hier lieber die Vernunft walten und halte dich von so etwas fern. Gehe eventuellen Problemen im Vorfeld schon aus dem Weg und lege dich mit niemandem an.

Taschendiebstähle sind auch immer an der Tagesordnung, wie fast in jedem Land. Lass dich davon aber nicht einschüchtern. Trage am besten nur die wichtigsten Sachen bei dir und wenn es geht eng am Körper. Mir ist bis jetzt nie etwas passiert, aber mit Vorsicht kannst du einem kleinen Restrisiko trotzdem noch etwas vorbeugen.

Auf Koh Phangan kommt all dies zwar seltener vor, jedoch solltest du dich gerade auf den großen Partys, wie der **Full Moon Party**, in Acht nehmen und etwas aufmerksamer sein. Besser Vorsicht als Nachsicht!

DROGEN UND ALKOHOL

Allgemein sind Drogen und zu viel Alkohol natürlich nicht gut. Gerade in Thailand solltest du jedoch wissen, dass der Besitz von Drogen viel härter bestraft wird, als in Deutschland. In Thailand kannst du auch für Kleinstmengen ins **Gefängnis** gehen oder sehr hohe Strafen zahlen.

Auch wenn du z.B. auf der Full Moon Party denken solltest, dass doch viele Leute Drogen nehmen, mache ihnen das nicht nach. Es halten sich während der Party auch viele **Polizisten in Zivil** am Strand auf und wenn du dabei erwischt wirst, dann kann dies böse für dich enden.

Auf Koh Phangan kann es öfters vorkommen, dass dir Drogen, insbesondere Marihuana oder Mushrooms, angeboten werden. Lehne die Angebote auf jeden Fall ab, denn teilweise haben Dealer schon mit der Polizei zusammengearbeitet und dieser sofort nach dem Kauf Bescheid gesagt. Außerdem sind in letzter Zeit auch Drogenkontrollen der Polizei häufiger geworden.

Beim Alkohol kann ich dir ebenfalls nur raten aufmerksam zu sein. Trinke am besten nur aus **ungeöffneten Flaschen**. Das Risiko von gepanschtem Alkohol ist auf Koh Phangan zwar nicht allzu groß, jedoch kann es leider vorkommen. Wenn du dir ganz sicher sein willst, dann bleibe bei einem kühlen Bier aus der Flasche oder kaufe nur im 7-Eleven.

Außerdem solltest du dich **nicht vollständig betrinken**. Du bist Gast in einem fremden Land und solltest immer die Kontrolle über dich selbst behalten. Besonders auf der Full Moon Party, da Betrunkene einfache Opfer von Überfällen sind.

DER THAILÄNDISCHE VERKEHR

Der Verkehr ist sehr chaotisch und nicht mit unserem in Deutschland zu vergleichen. Es sind viele Motorroller unterwegs – teilweise mehr als Autos. Regeln werden oft nicht so richtig beachtet. Sei **vorsichtig, vorausschauend und fahre langsam**, wenn du selber Motorroller oder Auto fährst.

Wenn du noch nie Zweirad gefahren bist, dann teste es vorsichtig dort aus, wo nicht so viel Verkehr herrscht. Nach ein paar Tagen gewöhnst du dich jedoch schnell daran. Außerdem trage immer einen **Helm**! Der schützt nicht nur vor Verkehrskontrollen, sondern kann bei einem Unfall auch überlebenswichtig sein.

Leere Straße von Haad Yao nach Haad Salad

Auf Koh Phangan herrscht im Gegensatz zu Thailands Großstädten viel weniger Verkehr. Während der Woche der **Full Moon Party** ist die Insel jedoch sehr voll und es gibt viel mehr Verkehrsteilnehmer als normalerweise. Auch gibt es viele Autos, die rasen und an unmöglichen Stellen überholen. Fahre deshalb extra vorausschauend und vorsichtig.

Achtung: Besonders vorsichtig solltest du übrigens auf der Straße nach Haad Rin sein. Hier gibt es **viele steile Straßen** und es geht die Berge auf und ab. Unerfahrene Rollerfahrer könnten dabei ein paar Probleme bekommen und die Strecke hat leider schon **viele Unfälle** gesehen.

Schotterpiste zwischen Mae Haad und Chaloklum

Desweiteren gibt es auf Koh Phangan immer noch einige Straßen, die entweder nicht geteert sind oder viele Schlaglöcher aufweisen. Teilweise sind manche Straßen auch stark mit Sand verschmutzt, so dass du bei einer starken Bremsung darauf ausrutschen kannst. Ich kann dir auch hier nur raten **immer auf die Straße zu achten**, damit du sicher an dein Ziel kommst.

ALLEINE ALS FRAU UNTERWEGS

Thailand ist als Frau grundsätzlich sehr sicher alleine zu bereisen. Thailänder gelten als nicht aufdringlich und eher zurückhaltend. Vorsicht solltest du jedoch auf den großen Partys z.B. der Full Moon Party walten lassen. Besonders die betrunkenen Männer können dort aufdringlicher sein, als es dir lieb ist. Achte auch immer auf deine **Getränke**, so dass dir niemand K.O. Tropfen oder ähnliches dort hineingeben kann. Wenn du ansonsten bei deinem Aufenthalt als alleinreisende Frau den gesunden Menschenverstand nutzt, kannst du bedenkenlos in Thailand umherreisen, ohne dass dir etwas passieren sollte.

WETTEREREIGNISSE

Koh Phangan ist bis jetzt von großen Naturkatastrophen verschont geblieben. Es liegt in einer relativ sicheren Region und war auch nicht Opfer des schweren Tsunamis in Thailand 2004. **Stürme oder Unwetter** können jedoch in der Regenzeit vorkommen. Bei starken Regenfällen sind die Straßen oft überschwemmt, da das Wasser nicht so schnell abfließen kann, wie es aus den Wolken kommt. Bei kräftigen Stürmen und hohen Wellen kann es außerdem passieren, dass der **Bootsverkehr** eingestellt wird. Falls du in der Regenzeit reist, solltest du diese Ereignisse einplanen und eventuell **1–2 Tage früher abreisen**, um dir einen Puffer zu lassen, wenn du z.B. einen internationalen Flug bekommen musst. Es kann nämlich durchaus mal passieren, dass einen Tag lang keine Boote wegen zu großer Gefahr fahren dürfen.

Regenschauer in Thong Nai Pan

STROMAUSFÄLLE

Stromausfälle kommen auf Koh Phangan hin- und wieder vor. Sie dauern jedoch meistens nur ein paar Minuten an. Jedoch kann es bei starken Regenfällen vorkommen, dass der Strom auch mal ein wenig länger wegbleibt. Einige Resorts, Cafés und Restaurants haben jedoch Generatoren, die im Falle eines Stromausfalls eingesetzt werden.

QUALLEN

Auch Quallen können eine Gefahr darstellen. Besonders während der **Regenzeit** sind sie an manchen Stränden häufiger vorzufinden. Meistens wird jedoch durch Schilder am Strand davor gewarnt und es steht Essig für den Notfall bereit.

AKTUELLE INFORMATIONEN

Die aktuellsten Informationen zur Sicherheit in Thailand bekommst du auf der Webseite des Auswärtigen Amtes (www.auswaertiges-amt.de).

Die Ausdrucksweise ist dort zwar immer sehr vorsichtig und es wird fast schon zu voreilig gewarnt, im Land selbst ist es meistens aber nicht so schlimm wie dargestellt. Trotzdem kann es nicht schaden, wenn du dich vor der Reise über die aktuelle Lage im Land informierst.

GESUND BLEIBEN

Auch in Thailand kann es mal passieren, dass du krank wirst. Die **medizinische Versorgung** ist jedoch größtenteils sehr gut und es gibt an jeder Ecke Apotheken sowie viele internationale Krankenhäuser. Diese genießen einen sehr guten Ruf und haben oft auch ausländische Ärzte vor Ort. Teilweise kommen sogar viele Touristen für Behandlungen nach Thailand, da diese entsprechend günstiger sind als z.B. in Europa.

Auch auf Koh Phangan gibt es **viele Apotheken, Kliniken und Krankenhäuser**. Solltest du jedoch etwas Schwerwiegendes haben, dann musst du höchstwahrscheinlich in ein internationales Krankenhaus auf die große Nachbarinsel Koh Samui.

Info: Du solltest darauf achten, **genügend Geld** zu haben, um die Arztrechnung begleichen zu können, wenn du einen Arzt in Anspruch nehmen musst. Die **Auslandskrankenversicherung** übernimmt zwar die Behandlungskosten, du musst diese jedoch im Nachhinein abrechnen. Deine Kreditkarte sollte also im Ernstfall einen guten Verfügungsrahmen haben, da je nach Behandlung die Kosten auch mal 100€ oder deutlich mehr betragen können.

Neben den allgemein bekannten Krankheiten wie Erkältung (meist aufgrund der Klimaanlagen), Magen-Darm und Sonnenbrand, gibt es in Thailand ein sehr geringes **Malaria-Risiko** (die Großstädte wie Bangkok, Chiang Mai etc. sind davon ausgeschlossen) und **Dengue-Fieber** kann auch in einigen Gebieten vorkommen. Ich reise jedoch seit Jahren nach Thailand und habe bis jetzt noch kein Malaria oder Dengue-Fieber gehabt.

Auch Koh Phangan gilt noch nicht komplett als malariafreie Zone, jedoch ist mir aus den letzten Jahren auf der Insel kein Fall bekannt. **Dengue-Fieber** dagegen kann vorkommen, ist aber glücklicherweise auch nicht verbreitet.

Eine **Vorbeugung** gegen Malaria mit z.B. *Malarone* empfehle ich dir daher auch nicht. Lieber solltest du dies als Stand-by-Medikation mitnehmen und im Notfall dann zur Bekämpfung von Malaria verwenden. Vorher aber am besten so schnell wie möglich zum Arzt gehen, wenn du die ersten Anzeichen verspüren solltest (Kopf- oder Gliederschmerzen, Fieber).

Allgemein sind Mückenstiche in Thailand relativ häufig und um dich davor zu schützen, solltest du **Mückenspray** nicht vergessen (du kannst es zur Not aber auch in jedem 7-Eleven in Thailand kaufen) und am Abend am besten etwas längere, helle Kleidung tragen.

Auf meiner ersten Reise hatte ich auch ein Moskitonetz dabei, welches ich aber nicht benutzt habe. In den Unterkünften mit Ventilator ist oft eines vorhanden und in denen mit Klimaanlage findest du sehr selten Mücken, da diese die kühleren Temperaturen nicht mögen.

Info: Zur Sicherheit solltest du auf Reisen immer eine kleine **Reiseapotheke** dabei haben. Kopfschmerz- und Durchfalltabletten, eventuell benötigte Antibiotika und auch Pflaster gehören dort hinein. Mach dir aber nicht zu viele Sorgen, du kannst dir die Medikamente auch zur Not vor Ort in einer Apotheke kaufen.

Vorsicht in dschungelartigen Gebieten!

STRASSENSTÄNDE UND GARKÜCHEN

Außerdem möchte ich dir vor der oft diskutierten **Hygiene** bei Straßenständen und Garküchen in Thailand die Angst nehmen. Es gibt eine einfache Regel zu beherzigen und mit dieser hatte ich in vielen Jahren in Thailand und den anderen südostasiatischen Ländern noch nie Probleme: Dort wo die **einheimischen Thais** essen gehen, kannst du auch essen!

Du musst auch nicht auf **Eiswürfel** in deinem Getränk verzichten, wie es so oft geschrieben wird. Auch die Thais trinken kein Leitungswasser und stellen ihre Eiswürfel mit normalem Trinkwasser her.

DOS & DON'TS IN THAILAND

DO'S:

- Sei immer freundlich und habe stets ein Lächeln auf den Lippen.
- Iss mit dem Löffel. Die Gabel ist nur dazu da, damit du dein Essen auf den Löffel schiebst.
- Habe Spaß (*Sanuk*) in Thailand. Thais mögen es nicht gerne, wenn jemand die ganze Zeit zu ernst ist, sondern lieben den Spaß im Leben.
- Lerne ein paar Worte Thai. Es ist höflich und wird zudem sehr gerne gesehen, wenn du wenigstens "Hallo" und "Danke" in der Landessprache sagen kannst (siehe S. 179 Sprachguide).
- Verhandle stets den Preis, außer beim Essen. Hier wird niemals gehandelt!
- Wenn morgens um 8.00 Uhr und abends um 18.00 Uhr die Nationalhymne Thailands aus den Lautsprechern ertönt, dann bleibe stehen, so wie alle anderen. Sobald diese vorbei ist, geht das Leben normal weiter. Auf Koh Phangan kommt das eher selten vor.

DON'TS:

- Fasse kein Abbild von Buddha an (Statuen, Bilder etc.), das gilt als sehr respektlos dem Buddhismus gegenüber.
- Betrete niemals einen Tempel oder einen thailändischen Haushalt mit Schuhen. Auch vor einigen Shops solltest du deine Schuhe ausziehen. Dies siehst du aber daran, dass vor dem Eingang schon Schuhe stehen oder nicht.
- Kleide dich beim Betreten eines Tempels angemessen. Die Schultern und Knie müssen immer bedeckt sein. Das gilt sowohl für Männer als auch für Frauen! Siehe auch Seite 67.
- Rede nicht schlecht über den König bzw. die Königsfamilie. Dies gilt als beleidigend und kann im schlimmsten Fall sogar zu einer Haftstrafe führen.
- Erhebe nie deine Stimme oder diskutiere lautstark in der Öffentlichkeit. So verlierst du in Thailand dein Gesicht und Thais wollen nicht gerne mit Leuten zu tun haben, die ihr Gesicht in der Öffentlichkeit verloren haben.
- Fasse keinen Thai am Kopf an und schon gar nicht bei Kindern. Auch wenn sie noch so süß sein sollten – das wird womöglich als Beleidigung aufgefasst.
- Zeige niemals mit den Sohlen deiner Füße auf Bilder des Königs, Mönche, Abbilder Buddhas oder Menschen im Allgemeinen.
- Lass die Finger von Drogen! Der Konsum und Besitz wird in Thailand sehr viel härter als in Europa bestraft.

16. SERVICES VOR ORT

LAUNDRY SERVICE

Einen Wäsche-Service findest du in Thailand sowie auf Koh Phangan in Mengen. Meistens haben diese ein Schild mit "Laundry Service" vor der Tür. Hier kannst du deine Wäsche abgeben und bekommst sie sauber am nächsten Tag zurück. Dies mache ich seit Jahren so und grundsätzlich ist auch noch nie etwas weggekommen.

Die Preise für 1 kg Wäsche schwanken von Ort zu Ort und sind in luxuriösen Hotels natürlich um einiges teurer. Der **durchschnittliche Preis** beträgt 30 Baht pro kg für das Waschen. Solltest du deine Wäsche gebügelt haben wollen, dann beläuft sich der Preis meistens auf 50 Baht pro kg.

Ein typisches Reisebüro auf Koh Phangan

REISEBÜROS

Reisebüros oder sogenannte Travel Agencies findest du in Thailand und somit auch auf Koh Phangan zahlreich. Grundsätzlich bieten diese Agenturen jedoch alle dieselben Touren und Preise an. Mit etwas Verhandlungsgeschick kannst du die Preise noch etwas drücken, aber meistens sind diese schon festgelegt. Du erkennst sie an den Bezeichnungen *Travel Agency, Tourist Office* oder *Tourist Information*.

Bekannt für **Backpacker** sind das *Backpackers Information Centre* in Haad Rin und *Peterpans Adventure Travel* in Baan Tai. Oft musst du zum Buchen der Touren jedoch nicht mal zu einer Travel Agency gehen, sondern kannst die Touren einfach und komfortabel direkt in deiner Unterkunft buchen.

INTERNET CAFÉS

Richtige Internet Cafés werden weltweit und auch in Thailand immer weniger. Es gibt zwar noch ein paar über die Insel verteilt, aber meistens sind diese auch nicht mehr nötig. Die meisten **Cafés und Restaurants** bieten auch kostenloses Wifi an und du kannst dich dort bei einem Kaffee oder Shake hinsetzen und surfen.

Solltest du natürlich keinen Laptop oder ähnliches dabei haben, dann musst du doch auf die guten alten Internet Cafés zurückgreifen. In Thong Sala wirst du auf jeden Fall fündig und auch in Baan Tai auf der Strecke zwischen Thong Sala und Haad Rin gibt es noch ein paar Internet Cafés.

COWORKING SPACES

Wenn du auf Koh Phangan nach einem guten Arbeitsplatz mit einer ordentlichen Internetverbindung suchst, damit du z.B. dein Online-Business voranbringen kannst, dann wirst du auch hier fündig. Es gibt zwei Coworking Spaces auf der Insel, die dir hervorragende Bedingungen anbieten.

Das ***Koh Space*** findest du in Baan Tai am Ende der Einbahnstraße, die es kurzzeitig auf der Strecke von Thong Sala nach Haad Rin gibt. Einen weiteren Coworking Space findest du mit dem ***Beachub*** in Srithanu mit direktem Strandzugang und Arbeitsplätzen am Meer. Die Preise für beide Coworking Spaces beginnen bei 300 Baht für einen Tag und gehen hoch bis zu 3900 Baht für einen Monat.

MASSAGEN & SPAS

Wie in vielen Teilen Thailands, die regelmäßig von Touristen besucht werden, findest du natürlich auch auf Koh Phangan traditionelle Thaimassagen und Spas. Nicht nur viele mittelständische und höherklassige Hotels bieten ihren Gästen Massagen vor Ort an, sondern es gibt auch über die ganze Insel verteilt etliche Massageläden und Spas.

In den Thaimassagen & Spas gibt es zusätzlich zu den traditionellen Thai- und Ölmassagen auch viele weitere Angebote wie Sauna, Aromatherapie, Hot Stone Massage u.v.m. Der Großteil der Massageläden auf Koh Phangan sind seriöse Shops und haben nichts mit Sextourismus zu tun.

Die Massagen starten bei 300 Baht pro Stunde und können je nach Programm und Länge

Hinweis: Auf **Tripadvisor** findest du noch viele Empfehlungen mehr. Solltest du eine Massage in einem dieser Läden in Anspruch nehmen, dann ist es evtl. notwendig, dass du vorher einen Termin machst und reservierst.

auch 500 Baht oder mehr kosten. Zwei sehr gute und **empfehlenswerte Massagen** sind das *Tanaporn Massage House* in Baan Tai und das *Pure Relax* in Thong Sala.

HOCHZEITEN

Viele Paare träumen von einer Hochzeit in den Tropen und am Strand. Koh Phangan bietet auch hier die Möglichkeit diesen Traum wahr werden zu lassen. Von kleinen Hochzeiten zu zweit bis hin zu großen Feiern ist alles möglich.

Damit dieser Tag ein unvergesslicher wird, gibt es auch verschiedene Anbieter auf Koh Phangan, die dir bei der Planung und Durchführung behilflich sind. Zwei dieser Anbieter wären z.B. *Beach Weddings* Koh Phangan und *Phangan Weddings*.

PHANGAN ANIMAL CARE FOR STRAY (PACS)

In Thailand gibt es viele Hunde und Katzen, die auf der Straße leben, keine Besitzer haben und täglich ums Überleben kämpfen. Dafür gibt es auf Koh Phangan eine Non-Profit Organisation, die sich dieser hilfsbedürftigen Tiere annimmt und sich um sie kümmert.

Eine Organisation wie diese ist natürlich auf Sponsoren und Spenden angewiesen. Wenn du also während deines Aufenthaltes etwas dazu beitragen willst, dann bist du jederzeit willkommen beim ***PACS*** in Wok Tum vorbeizuschauen (siehe Karte auf S. 30). Wenn du möchtest, dann kannst du auch freiwillig mithelfen oder in einer der vielen Boxen auf der Insel eine Spende hinterlassen.

SPRACHSCHULEN

Wenn du länger in Thailand bleibst oder einen **Sprachurlaub** machen willst, um die Landessprache zu erlernen, kannst du auch dies auf Koh Phangan tun. Hier hast du die Wahl zwischen Einzelunterricht oder Gruppenkursen. Je nach Schwierigkeitsgrad und Stundenanzahl geht es bei Preisen ab 15.000 Baht los.

Eine gute und lizenzierte Sprachschule wäre z.B. die *KPT Language School*, die auch auf Koh Phangan Kurse anbietet und dir beim Erlernen von Thai in Sprache und Schrift hilft.

ARZTPRAXEN UND KLINIKEN

Solltest du einen kleinen oder größeren medizinischen Notfall haben (beispielsweise nach einem Rollerunfall), brauchst du dir auch hier keine großen Sorgen machen. Auf der Insel verteilt gibt es diverse Kliniken und Krankenhäuser (siehe auch auf Seite 148 im Kapitel "Sicherheit & Verhalten"). Die meisten befinden sich auf der Küstenstraße im Süden.

Die Krankenhäuser haben 24 Stunden rund um die Uhr geöffnet und bieten eine **gute Betreuung** mit **englischsprechendem Personal**. Sollte deine medizinische Versorgung etwas größer ausfallen oder schwieriger werden, dann könnte es eventuell sein, dass du auf die Nachbarinsel Koh Samui in ein internationales Krankenhaus verlegt wirst. Kleinere Behandlungen oder Medizinchecks kannst du ohne Probleme auf Koh Phangan durchführen lassen.

GELDWECHSELSTUBEN

Geldwechselstuben gibt es ebenfalls zahlreich auf der Insel verteilt. Dort kannst du gegen Vorlage deines Reisepasses deine Euros oder andere Fremdwährungen in Thai Baht wechseln. Die besten Geldwechselstuben findest du übrigens bei lokalen **Bankfilialen**. Mehr Informationen hierzu findest du im Kapitel Finanzen ab Seite 169.

ATMs/Geldwechselstuben der Krungsri Bank

17. MOBILES INTERNET

Viele Urlauber und Reisende möchten auch in Thailand bzw. auf Koh Phangan den Kontakt über Facebook, Whatsapp, E-Mail etc. zu Freunden und Familie zu Hause pflegen. Eventuell möchtest du auch für dein nächstes Reiseziel im Internet recherchieren sowie ein Hotel oder einen Flug buchen.

Damit du auch auf Koh Phangan immer online bleiben kannst, habe ich dir in diesem Kapitel die beiden meistgenutzten Möglichkeiten (WLAN und SIM-Karte) zusammengestellt.

WLAN (WIFI)

Das Wort "WLAN" wird eigentlich nur im deutschsprachigen Raum genutzt. Solltest du in Thailand nach WLAN im Hotel, Café, Restaurant etc. fragen wollen, dann frage nach **Free Wifi** bzw. nur **Wifi**.

Hotels und Hostels für Backpacker und andere Reisende sind zu 95 % mit Wifi ausgestattet und je nach Ort und Lage der Unterkunft kann es natürlich mal mehr oder weniger gut funktionieren. Insgesamt habe ich aber auf Koh Phangan gute Erfahrungen mit dem Internet gemacht und auch ein Upload von Bildern (solange es keine riesigen Datenmengen sind) klappt super.

Auf Koh Phangan findest du keine Ketten der großen Coffeeshops wie *Starbucks* etc., doch es gibt einige Cafés, Bars und Restaurants, die alle kostenloses Wifi anbieten. Meistens erkennst du dies schon an einem **Schild** vor dem Eingang.

Kleine **Thai Shops und Garküchen** sind jedoch sehr selten mit Wifi ausgestattet. Du bekommst hier zwar leckeres günstiges Essen, aber musst auf deinen Internetzugang verzichten.

Wenn du eine sehr gute und zuverlässige Internetverbindung, zum Beispiel zum Arbeiten, benötigst, dann kann ich dir den **Coworking Space** *Koh Space* in Baan Tai oder *Nira's Home Bakery* in Thong Sala empfehlen. Den Koh Space findest du auf dem Weg von Thong Sala nach Haad Rin im Ortsteil Baan Tai auf der rechten Seite, sobald die Straße für ein kurzes Stück nur einseitig zu befahren ist (siehe auch S. 152). Nira's Home Bakery findest du gegenüber der kleinen Polizeistation am Hauptpier in Thong Sala.

MOBILES INTERNET / SIM-KARTE

In Thailand gibt es 3 Hauptanbieter für SIM-Karten: *DTAC, AIS* und *TRUE MOVE.*

Während AIS und TRUE MOVE die beiden größten Anbieter sind, vergessen viele Leute DTAC zu erwähnen. Ich möchte in diesem Kapitel ganz speziell auf ***DTAC*** eingehen, da es seit nun mehr als 3 Jahren der Telefonanbieter meiner Wahl ist.

Die Netzabdeckung von DTAC ist in ganz Thailand sowie auf Koh Phangan sehr gut und es gibt nur wenige Plätze, an denen ich mal bemerkt habe, dass ich kein Netz hatte. Die Verbindung stellt auf der Insel größtenteils 4G bereit, in seltenen Fällen wird die Geschwindigkeit auf 3G reduziert.

Die DTAC SIM-Karte kannst du in den unzähligen Telefonshops in Thailand oder in jedem 7-Eleven oder Family Mart kaufen. Du benötigst dafür nur deinen **Reisepass**, da von diesem zur Registrierung der SIM-Karte (seit Februar 2015 Pflicht) ein Foto gemacht wird. Die SIM-Karte wird gleich beim Kauf aktiviert und nach deiner ersten Aufladung kannst du sofort telefonieren.

Info: In den meisten Läden werden auch Nano-SIM-Karten für iPhone 7 etc. angeboten.

Das sogenannte "Top Up" zum Aufladen der Prepaid-SIM-Karte kannst du in den gleichen Läden wie die SIM-Karte kaufen. Direkt an der Kasse als Karte zum Freirubbeln oder per Nummerneingabe. Hier gibt es Staffelungen von 60, 100, 200 Baht usw. Außerdem gibt es bei DTAC noch die Option das Guthaben auf der Webseite des Anbieters per Kreditkarte aufzuladen. Du brauchst also nicht mal in den Supermarkt gehen. Funktioniert hervorragend!

Das **mobile Internet** lässt sich ebenfalls sehr einfach aktivieren. Du musst nur einen kurzen **Code** zur Aktivierung des Internets auf deinem Handy eingeben.

Die **Pakete** stellen unterschiedliche Laufzeiten und Datenmengen zur Verfügung. Die wichtigsten liste ich dir hier einmal auf*. Ansonsten kannst du diese auch jederzeit auf der Webseite von DTAC nachsehen: www.dtac.co.th/en

- ***Happy Internet* 49 Baht/Tag**: 150 MB – Code: *104*29*9# + anrufen drücken
- ***Happy Internet* 79 Baht/Woche**: 200 MB – Code: *104*322*9# + anrufen drücken
- ***Happy Internet* 199 Baht/Woche**: 1 GB – Code: *104*28*9# + anrufen drücken
- ***Happy Internet* 299 Baht/Monat**: 750 MB – Code: *104*353*9# + anrufen drücken
- ***Happy Internet* 399 Baht/Monat**: 3 GB – Code: *104*21*9# + anrufen drücken

Wichtig: Wenn du in Thailand eine SIM-Karte in deinem Handy benutzen möchtest, dann solltest du vorher unbedingt darauf achten, dass dein Handy **Simlock-frei** ist. Das heißt, dass du eine SIM-Karte eines beliebigen Anbieters verwenden kannst. Manchmal sperren die Telekom, Vodafone oder O2 in Deutschland ihre Handys, die an einen Vertrag gebunden sind, für andere Anbieter.

* Die angebotenen Pakete können sich natürlich jederzeit ändern. Sollten diese Codes nicht mehr gültig sein, dann schau einfach am besten auf die Webseite von DTAC.

18. FEIERTAGE & FESTE

ÜBERSICHT DER FEIERTAGE IN THAILAND

31.12. - 01.01.: SILVESTER / NEUJAHR

Dieses Fest wird, wie im restlichen Teil der Welt, ebenfalls zur Jahreswende der westlichen Zeitrechnung gefeiert und somit ist der erste Januar ein nationaler Feiertag.

21.01. - 20.02.: CHINESISCHES NEUJAHR

Das chinesische Neujahr wird zum Vollmond zwischen dem 21. Januar und 20. Februar gefeiert. Das Fest ist eines der spektakulärsten in Asien und wird fast überall gefeiert. Es dauert 3 Tage und wird meistens im familiären Kreis begangen.

FEBRUAR / MÄRZ: MAKHA BUCHA

Ein buddhistischer Feiertag, der am Vollmond Ende Februar/Anfang März gefeiert wird. Er erinnert an eine spontane Versammlung von über 1200 buddhistischen Anhängern, die zusammen gekommen sind, um sich eine Predigt von Buddha anzuhören.

06.04.: CHAKRI-TAG

Hier wird an die Besteigung des Throns des ersten *Chakri*-Königs erinnert. *Rama I* war damals der König von Thailand und der Gründer der *Chakri-Dynastie*, die noch heute regiert. Seit dem 6. April 1932 steht eine Statue zu Ehren des Königs *Phra Phutthayotfa Chulalok* am Chao Phraya in Bangkok und der Chakri-Tag wurde somit zum offiziellen thailändischen Feiertag erklärt.

13.04. - 15.04.: SONGKRAN

Dies ist das thailändische Neujahrsfest, oft auch als "Wasserfest" bezeichnet. Auf den Straßen wirst du mit Wasserpistolen und Wassereimern nass gemacht. Hier bleibt keiner trocken. Das Fest ist ein riesiger Spaß und du solltest es unbedingt mal erleben. Auch auf Koh Phangan ist einiges auf den Straßen los.

01.05.: TAG DER ARBEIT (LABOR DAY)

Der erste Mai wird auch in Thailand gefeiert, wie in Deutschland und vielen anderen Ländern der Welt. Er hat zwar keine großen Highlights, jedoch sind an diesem Tag alle Banken landesweit geschlossen.

MAI / JUNI: VISAKHA BUCHA (VESAK)

Feiertag zur Geburt, Erleuchtung und zum Tod von Buddha. Wird ebenfalls zum Vollmond Ende Mai/Anfang Juni gefeiert. Manchmal wird der Tag von den Einheimischen auch einfach "Buddha's Birthday" genannt. Wichtigster buddistischer Feiertag.

JULI / AUGUST: ASARNHA BUCHA

Dieser Feiertag wird am Vollmond Ende Juli/Anfang August gefeiert. Es ist ein nationaler buddhistischer Feiertag und erinnert an die erste Predigt Buddhas.

12.08.: MUTTERTAG

Der thailändische Muttertag wird am Geburtstag der Königin *Sirikit* gefeiert. Ihr zu

Ehren werden landesweit an diesem Tag viele Feste veranstaltet und den wohltätigen Leistungen, die die Königin für die Thais erbringt, gedacht. Die Erlöse der vielen Veranstaltungen zum Muttertag fließen übrigens Wohltätigkeitsorganisationen zu.

NOVEMBER: LOY KRATHONG

Dieses traditionelle thailändische Fest wird zum ersten Vollmond im November gefeiert. Hier werden kleine Boote (*Krathongs*) zu Wasser gelassen (siehe Titelfoto auf Seite 158) und mit Münzen und Kerzen bestückt, die die Sorgen aus dem vergangenen Jahr davontragen sollen.

05.12.: VATERTAG

Der thailändische Vatertag wird am Geburtstag des Königs *Rama IX* gefeiert. In Bangkok und vielen Teilen des Landes werden dem König zu Ehren große Feste und Konzerte veranstaltet. In Bangkok kommen am Abend viele Thais zusammen, um das spektakuläre Feuerwerk zu Ehren des Vaters der Nation, König *Bhumibol*, zu bestaunen.

Neben den oben genannten, wichtigen Feiertagen gibt es in Thailand noch einige mehr. Wie du sehen kannst, haben einige thailändische Feiertage und Feste **kein festes Datum**, da sie auf den Mondkalender zurückzuführen sind. Die aktuellen Daten findest du meistens am Anfang des Jahres auf diversen Seiten im Internet. Du kannst auch alternativ einfach bei deiner Unterkunft nachfragen.

Hinweis: An vielen buddhistischen Feiertagen ist der Verkauf von Alkohol übrigens verboten. Die Convenience Stores wie 7-Eleven oder Family Mart und Supermärkte wie Big C, Makro oder Tesco Lotus dürfen an diesen Tagen nichts verkaufen. Sollte irgendwo trotzdem etwas verkauft bzw. gekauft werden, dann kann dies erhebliche Geldstrafen zur Folge haben – falls es die Polizei mitbekommen sollte (auch wenn dies auf Koh Phangan sehr unwahrscheinlich ist). Verzichte aber dennoch lieber an diesen Feiertagen auf dein Bier oder kaufe es ein paar Tage vorher ein. Trinke es jedoch nicht in der Öffentlichkeit.

19. VOR DER ABREISE

ALLGEMEINES VOR DER ABREISE

Eine Reise nach Koh Phangan bzw. Thailand muss grundsätzlich nicht allzu lange vorbereitet werden. Ein paar Dinge solltest du vor der Abreise aber dennoch beachten.

ARZTBESUCH & IMPFUNGEN

Bei einem kurzen Urlaub ist es vielleicht nicht nötig, aber wenn du auf eine Langzeitreise gehst, dann solltest du dich vorher von deinem Hausarzt noch einmal **gründlich durchchecken** lassen. So kannst du es eventuell vermeiden im Ausland schnell zum Arzt zu müssen.

Auch solltest du nicht vergessen, dass du die **Standardimpfungen** wie z.B. Hepatitis A+B, Typhus, Polio, Diptherie, Tetanus zur Not nochmal auffrischen lässt. Dies sollte eigentlich alle 10 Jahre passieren. Mehr Informationen zu Impfungen findest du beim Auswärtigen Amt. Im Zweifel kannst du auch einen in Tropenmedizin bewanderten Arzt aufsuchen und dich bei ihm informieren.

Eine Impfung gegen **Tollwut** habe ich zwar vor einigen Jahren machen lassen, jedoch ist diese in Thailand nicht zwingend notwendig. Es gibt zwar viele freilaufende Hunde und auch ein paar Affen, im Normalfall passiert aber nichts. Wenn du sichergehen willst, dann solltest du darüber nachdenken dich impfen zu lassen. Wenn du diese Impfung machen willst, musst du jedoch etwas Zeit einplanen. Die Impfungen werden im Abstand von mehreren Wochen vorgenommen.

Eine **Malaria-Prophylaxe** benötigst du für Thailand grundsätzlich nicht. Die meisten touristischen Gegenden gelten als malariafrei. Wenn du auch hier sichergehen möchtest, kannst du dir ein Arzneimittel wie *Malarone* kaufen und es als Notfall-Standby-Medikament mitnehmen. Solltest du jedoch Anzeichen verspüren, dass du Malaria haben könntest, dann suche sofort den nächsten Arzt oder ein Krankenhaus auf. Weiteres zu diesem Thema siehe auch Seite 148.

Die Tropenkrankheit **Dengue-Fieber** wird von der tagaktiven Tigermücke übertragen. Die Anzeichen sind dieselben wie bei Malaria, z.B. Abgeschlagenheit, hohes Fieber, schmerzende Glieder, Kreislaufbeschwerden. Die Krankheit ist in vielen tropischen Gebieten verbreitet und es gibt aktuell keine mögliche Impfung oder vorsorgliche Medizin gegen Dengue. In vielen touristischen Gegenden Thailands kommt diese Krankheit doch glücklicherweise selten vor. Solltest du Anzeichen verspüren, dann suche am besten sofort einen Arzt auf. Schützen kannst du dich nur, indem du lange Kleidung trägst, Mückenspray nutzt und dich von Wasseransammlungen wie Seen, Flüssen, Pfützen, großen Eimern oder sonstigen feuchten Gebieten fernhältst.

Achtung: Ich bin natürlich kein Arzt und möchte **keine der Krankheiten verharmlosen**. Im Zweifelsfall solltest du also immer einen bewanderten **Arzt** oder **Tropenarzt konsultieren** und dich von ihm beraten lassen. Ich gebe hier nur meine persönliche Erfahrung weiter.

AUSLANDSKRANKENVERSICHERUNG

Ein ganz wichtiger Punkt, der nicht zu unterschätzen ist. Schließe eine Krankenversicherung für das Ausland ab, das ist **absolute Pflicht**. In Deutschland gibt es unzählige Anbieter von Auslandskrankenversicherungen. Diese kosten meist zwischen 7 und 10 Euro pro Jahr und versichern dich bis zu sechs Wochen im Jahr während eines Urlaubs.

Falls du länger als diese sechs Wochen unterwegs bist, dann solltest du eine **Langzeit-Krankenversicherung** abschließen. Ich kann hier die ***Hanse Merkur*** empfehlen. Sie kostet ohne Aufenthalt in den USA und Kanada ca. 35 € pro Monat. Ansonsten kannst du auf www.reiseversicherung.com viele Versicherungen vergleichen.

Info: Die meisten der Auslandskrankenversicherungen kannst du heutzutage **online abschließen**. Dies geht schnell und ist auch noch kurz vor deiner Reise möglich ist.

Wichtig beim Abschluss dieser Versicherung sind die Höhe der Selbstbeteiligung, die Rettung und der medizinisch sinnvolle Rücktransport in dein Heimatland. Lies dir deshalb die Leistungen der Versicherung **ganz genau durch**, bevor du sie abschließt.

WICHTIGE DOKUMENTE ONLINE SICHERN

Ein Punkt, der auch nicht vergessen werden sollte, ist die Sicherung deiner Dokumente. Sollte z.B. dein **Reisepass** abhandenkommen, dann ist es unter Umständen einfacher einen neuen Pass zu beantragen, wenn du eine Kopie deines aktuellen Reisepasses besitzt.

Ich nutze hierfür den Speicher ***Google Drive*** von Google, den du automatisch bekommst, sobald du einen Google-Account eingerichtet hast (15 GB gratis). Auch empfehlen kann ich den Cloud-Service von *Dropbox*. Hier bekommst du mit dem Basic-Konto immerhin 2 GB gratis zur Verfügung gestellt.

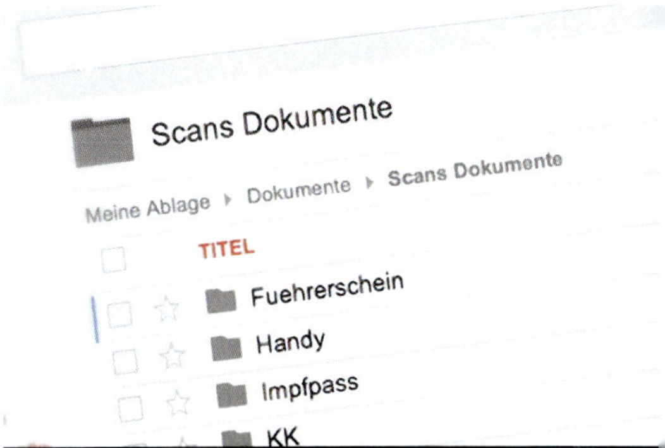

Google Drive

Der Vorteil an einem Online-Speicherservice ist, dass du jederzeit von überall auf deine Dokumente Zugriff hast – vorausgesetzt du hast eine Internetverbindung (siehe auch hierzu Seite 156).

Dokumente, von denen ich eine Kopie vor Reiseantritt mache und welche ich dir ebenfalls empfehlen würde, sind: Reisepass, Personalausweis, Führerschein/internationaler Führerschein, Impfpass, Kreditkarten, einen Beleg der Auslandskrankenversicherung und alle wichtigen Kontaktdaten von zu Hause. Auch die Sicherung deiner TAN-Liste für das Online-Banking wäre sinnvoll, sofern du Überweisungen tätigen musst.

BEANTRAGUNG EINES THAILAND-VISUMS

Für Thailand gibt es viele verschiedene Arten von Visa, je nachdem für welchen Zweck und wie lange du vor Ort bleiben möchtest. Im Folgenden werde ich auf die 3 meistgenutzten Visa-Arten eingehen:

1. KEIN VISUM

Wenn du zum ersten Mal nach Thailand reist oder nur für ein paar Wochen Urlaub machen möchtest, dann benötigst du **kein Visum**. Oft wird dieses fälschlicherweise als ***Visa on Arrival*** betitelt, ist in Wirklichkeit aber gar keins.

Bei der Einreise ohne Visum bekommst du am Immigrationsschalter des Flughafens (oder falls du über Land einreist an der Grenze) einen Stempel für **30 Tage** in deinen Reisepass (Achtung: dein Reisepass muss bei Ausreise noch **6 weitere Monate** gültig sein). Bei der Einreise über Land gibt es für Schweizer und Österreicher jedoch nur einen Stempel für 15 Tage.

Dieses "Visum" kannst du in einem beliebigen Immigration Office in Thailand (z.B. Koh Samui) um weitere 30 Tage gegen eine Gebühr von 1900 Baht (ca. 50€) einmalig **verlängern**. Für einen normalen Urlaub oder um das Land erstmalig zu erkunden, sollte diese Art der Einreise für die Meisten ausreichen.

2. TOURISTENVISUM

Das Touristenvisum gibt es in **2 verschiedenen Ausführungen**:

- 1 Einreise mit 60 Tagen Aufenthalt (Visum ist 3 Monate gültig), Kosten: 30€
- mehrmalige Einreise mit Aufenthalten von jeweils 60 Tagen (Visum ist 6 Monate gültig), Kosten: 150€

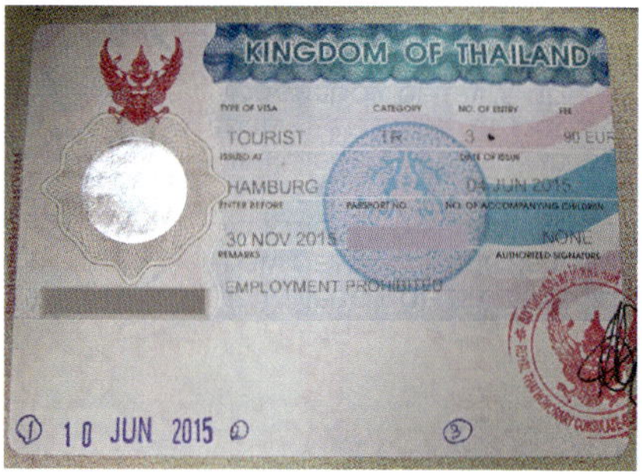

Dieses Visum muss **vorab in Deutschland** bzw. in einem Land außerhalb Thailands bei der thailändischen Botschaft beantragt werden. In Deutschland ist dies bei der Botschaft in Berlin, sowie in den 5 Konsulaten in Hamburg, Frankfurt, Essen, Stuttgart und München möglich. Auch dieses Visum lässt sich vor Ort in Thailand um weitere 30 Tage und mit einer Gebühr von 1900 Baht (ca. 50€) bei einem Immigration Office **verlängern**.

> **Hinweis:** Der Gültigkeitszeitraum, auch als ***"Enter before"*** auf dem Visum angegeben, zeigt dir bis wann du dein Visum nutzen kannst. Solltest du nach diesem Datum in Thailand einreisen, ist das Visum nicht mehr gültig und verfällt.

Dein Reisepass muss bei dieser Art der Einreise ebenfalls noch weitere **6 Monate** bei deiner Ausreise (auch bei mehreren Einreisen) gültig sein.

Wenn du also einen längeren Aufenthalt planst oder sogar ein paar längere, z.B. während einer Langzeitreise, dann empfehle ich dir dieses Visum vor deiner Reise zu beantragen.

Hinweis: Das Touristenvisum mit mehrmaliger Einreise kann nur im **Heimatland** beantragt werden. In einem Nachbarland von Thailand sind nur noch Visa für einmalige Einreisen möglich.

3. NON IMMIGRANT VISUM

Wenn dir die beiden erstgenannten Einreise- bzw. Visamöglichkeiten nicht ausreichen, kannst du unter bestimmten Voraussetzungen ein Non Immigrant Visum beantragen. Die 3 bekanntesten Arten hierbei sind folgende:

ED – dieses Visum gilt für Schüler und Studenten mit einem Aufenthalt bis zu 1 Jahr. Als Schüler gelten auch Leute, die z.B. eine Sprachschule besuchen, um die Landessprache zu erlernen. Das Visum muss aber trotzdem vor Ort alle 90 Tage bei der Immigration verlängert werden – allerdings ohne ausreisen zu müssen.

B – für Leute, die ein Business in Thailand eröffnen oder einer Arbeit nachgehen möchten. Gültigkeit bis zu 1 Jahr mit mehreren Ausreisen möglich.

O – auch Rentnervisum genannt. Dieses Visum ist nur ab einem Alter von 50 Jahren möglich oder wenn du mit einer/einem Thai verheiratet bist. Leute über 50 Jahre müssen ein bestimmtes monatliches Einkommen von mind. 1200€ oder einen Vermögensnachweis von 5000€ erbringen (Vorlage des Kontoauszugs). Das Visum ist bis zu 1 Jahr gültig, wobei du nur 90 Tage am Stück in Thailand bleiben kannst. Danach musst du aus- und wieder einreisen. Die Kosten für dieses Visum liegen bei 60€ für eine einmalige Einreise und 150€ für mehrere Einreisen.

Die aktuellen Anforderungen zur Beantragung eines Visums findest du hier:
http://www.thaikonsulathamburg.de

VERLÄNGERUNG EINES THAILAND-VISUMS

VERLÄNGERUNG DES VISUMS

Wie bei den Visa-Arten kurz beschrieben, kannst du deine Reise ohne Visum und auch dein Touristenvisum um **weitere 30 Tage im Land verlängern**. Dazu benötigst du ein Antragsformular (liegt vor Ort bei der Immigration aus), 1 Passbild, eine Kopie der ersten Seite deines Reisepasses, eine Kopie deines Visums sowie vom Einreisestempel, eine Kopie deiner Departure Card, die Adresse deiner Unterkunft, 1900 Baht in Bar und natürlich deinen Reisepass.

ANREISE ZUR IMMIGRATION IN MAENAM AUF KOH SAMUI

Das **Immigrationsbüro** öffnet um 8.30 Uhr morgens auf Koh Samui. Um lange Wartezeiten zu vermeiden, empfehle ich dir dort **frühzeitig** anzukommen.

Morgens um 7.00 Uhr startet die erste Fähre (Anbieter: *Songserm*) für 200 Baht von Thong Sala nach ***Nathon*** auf Koh Samui. Bei pünktlicher Ankunft bist du um 7.45 Uhr auf Koh Samui, jedoch kommt die Fähre öfters einige Minuten zu spät an.

Von Hafen in Nathon sind es nun einige Kilometer in den Norden nach ***Maenam***, wo das neue Immigration Office liegt. Die Fahrt mit einem Sammeltaxi kostet ca. 100–150 Baht. Die genaue **Adresse** lautet: 333 Maenam Road, Soi 1, Moo 1, Maenam, Koh Samui.

ABLAUF ZUR VERLÄNGERUNG DES VISUMS AUF KOH SAMUI

Um 8.30 Uhr öffnet das neue Immigrationsbüro. Dort angekommen, findest du das **Antragsformular** für die Verlängerung zum Ausfüllen vor. Solltest du noch Kopien oder ein Passfoto benötigen, wird dies auch vor Ort angeboten.

Dort reichst du deinen Antrag sowie alle oben aufgeführten zusätzlichen Unterlagen ein. Deine Unterlagen werden anschließend gegengeprüft, ob wirklich alles vorhanden ist. Danach bekommst du eine Nummer und wartest, bis deine **Nummer aufgerufen wird**.

Nach dem Aufruf gehst du im Immigrationsbüro an den Schalter. Als nächstes gibst du einer der Damen deine Unterlagen und zahlst 1900 Baht. Im Gegenzug bekommst du eine Quittung und wirst danach zu einem Beamten geschickt, der ein Foto von dir macht.

Danach musst du noch kurz warten, bis jemand mit Pässen herauskommt und diese verteilt. Der ganze Ablauf hat mich beim letzten Mal knapp 30 Minuten gekostet. Frühes Kommen lohnt sich.

Tipp 1: Versuche das Monatsende und den Monatsanfang sowie montags und freitags zu vermeiden. Dies sind die Tage, die meist **sehr viele Besucher** anziehen.

Tipp 2: Die 30-Tage-Verlängerung wird an dein aktuelles **Ausreisedatum** (siehe Stempel) angehängt. Du musst also nicht bis zum letzten Tag warten, sondern kannst das Visum ruhig schon 2 Wochen vor Ablauf verlängern. Warte bloß nicht zu lange damit und mach dir keinen unnötigen Stress.

RÜCKREISE NACH KOH PHANGAN

Vom Immigrationsbüro kannst du ein Sammeltaxi zurück nach ***Nathon*** nehmen. Das *Songserm* Boot von Nathon nach Thong Sala für 200 Baht fährt dreimal täglich (9.00, 11.00 und 17.00 Uhr). Die Überfahrt dauert ca. 45 Minuten.

Eine andere **Alternative** wäre das *Lomprayah* Speedboot vom *Pralan Pier* in Maenam auf Koh Samui zu nehmen. Dies liegt nicht weit von der Immigration entfernt. Die Fahrt findet zweimal täglich statt (8.00 und 12.30 Uhr), dauert ca. 30 Minuten und kostet 300 Baht.

Ankunft von Lomprayah am Thong Sala Pier

20. FINANZEN

WELCHE WÄHRUNG GIBT ES IN THAILAND?

Die offizielle Währung ist der thailändische Baht (THB). Ein Baht besteht aus 100 Satang. Die kleinsten Münzen sind daher 25 und 50 Satang, finden aber in der Regel keine Verwendung mehr bei der Bezahlung. Die gängigen Münzen sind 1, 2, 5 und 10 Baht und die Scheine sind in 20, 50, 100, 500 und 1000 Baht aufgeteilt.

WIE IST DER UMRECHNUNGSKURS IN THAI BAHT?

Die Umrechnung von Euro zu Thai Baht ist grundsätzlich ganz einfach. Auch wenn der Kurs manchmal ein wenig schwankt, kannst du generell **1 € = 40 Baht** rechnen.

Den aktuellen Kurs kannst du z.B. hier nachschauen: http://www.finanzen.net/devisen/euro-baht-kurs

BANKAUTOMATEN (ATMS)

ATMs gibt es in Thailand **fast an jeder Ecke**. Auch auf Koh Phangan findest du viele, vor allem in Thong Sala und Haad Rin. Ansonsten suchst du am besten den nächsten 7-Eleven oder Family Mart auf. Dort gibt es auf jeden Fall einen Bankautomaten. Die gängigsten Banken sind *Krungsri, Bangkok Bank, Kasikorn Bank, Siam Commerical Bank* und *Krung Thai Bank*.

Beim Nutzen eines thailändischen Geldautomaten fallen **Fremdgebühren** von 200 Baht (ca. 5 €) pro Abhebung an. Diese werden von der thailändischen Bank erhoben und zusätzlich auf den Betrag deiner Abhebung geschlagen.

ATMs am 7-Eleven in Baan Tai

Die Geldautomaten geben bei größeren Abhebungen nur 1000 Baht (ca. 25 €) Scheine heraus. Wenn du natürlich einen Betrag unter 1000 Baht abhebst, bekommst du auch kleinere Scheine. Diese großen 1000 Baht Scheine können oft von kleineren Restaurants, Garküchen etc. **nicht gewechselt werden** und das macht das Bezahlen etwas schwierig. Die einfachste Möglichkeit ist es den nächsten 7-Eleven oder Family Mart aufzusuchen, dort kannst du den Schein mit Sicherheit wechseln oder eine Kleinigkeit kaufen und mit dem 1000 Baht Schein bezahlen.

GELD WECHSELN VOR ORT

In Thong Sala und Haad Rin gibt es auch einige Wechselstuben, wo du deine Euros gegen thailändische Baht wechseln kannst. Am besten sind die Wechselstuben, die direkt an **Filialen der Banken** angeschlossen sind. Hier gibt es oft die besten Kurse. Bedenke jedoch, dass auch beim Wechseln von Bargeld immer ein paar Gebühren anfallen. Mache dich auch am besten vorher über den **aktuellen Wechselkurs** im Internet schlau, so dass du weißt wie viel Geld du bekommen müsstest.

BARGELD ODER ABHEBUNGEN AM AUTOMATEN?

Ich trage nie zu viel Bargeld mit mir herum, sondern nutze meine Kreditkarte zum Abheben an den ATMs. Ein wenig Bargeld ist als kleine Sicherheit nicht verkehrt. Sozusagen eine **Notlösung**, falls die Bankautomaten oder die Kreditkarte mal nicht funktionieren. Jedoch birgt viel Bargeld immer das Risiko, dass du es verlieren könntest oder wenn es mal hart auf hart kommt und du wirklich überfallen wirst oder ähnliches, dann kann das Bargeld schnell mal weg sein.

WELCHE KREDITKARTE IST AM BESTEN FÜR THAILAND?

Ich empfehle dir ganz klar die Kreditkarte der **DKB**. Ich bin rundum zufrieden damit und sie hat auch wirklich viele Vorteile. Es gibt **keine Kontoführungsgebühren** und das Abheben ist weltweit kostenlos! In Thailand fallen zwar noch die 200 Baht Gebühren der thailändischen Banken an, aber wenn du z.B. auch noch die Nachbarländer Thailands bereist, kannst du mit der DKB Kreditkarte dort überall kostenlos Geld abheben.

Tipp: Halte immer die Notfallnummern deiner Bank bereit. Falls deine Kreditkarte gestohlen wird, kannst du diese dann umgehend **sperren lassen**. Habe auch immer eine zweite Ersatzkarte (EC oder Kreditkarte) für den Notfall dabei.

Eine gute Alternative wäre die Kreditkarte der ***Santander Bank***. Diese erstattet sogar die anfallenden **Fremdgebühren** zurück. Jedoch könnte es schwierig werden einen monatlichen Geldeingang vorzuweisen, wenn du länger auf Reisen bist. Mehr Infos zur Santander Kreditkarte gibt es auf meinem Blog im Kreditkarten-Artikel (link siehe Hinweis-Box unten).

TIPPS ZUM UMGANG MIT GELD

In Thailand gibt es Leute, die zur ärmeren Schicht zählen und daher ist es nicht ratsam mit vielen Geldscheinen in der Gegend herumzuwedeln. Das kann natürlich den Neid ein wenig wecken. Wenn du daher berücksichtigst, dass der Durchschnittsverdienst eines Thailänders bei nur 10.000–15.000 Baht liegt, wird dir das vielleicht noch ein wenig bewusster.

Hinweis: Für einen ausführlichen Testbericht der DKB-Kreditkarte, schau doch mal auf meinem Blog vorbei: www.homeiswhereyourbagis.com/kostenlos-geld-abheben-die-beste-kreditkarte-auf-reisen-nach-suedostasien

Auch solltest du **niemals auf Scheine oder Münzen treten**! Was in Deutschland vielleicht gerne mal bei einer wegrollenden Münze gemacht wird, solltest du hier definitiv unterlassen. Auf den Scheinen und Münzen ist der König abgebildet. Er wird in Thailand sehr verehrt und daher ist es eine Beleidigung, wenn du diesen sozusagen mit Füßen trittst. Dir wird als Tourist sowas zwar leichter verziehen, aber auf die Beleidigung des Königs steht in Thailand allgemein sogar die Gefängnisstrafe.

KOSTENBEISPIELE

Koh Phangan eignet sich hervorragend für Backpacker und andere Individualreisende, aber du kannst genauso gut einen Luxusurlaub auf der Insel verbringen. Hier findest du eine kleine Auflistung, was dabei für Kosten auf dich zukommen können. Die Preise sind natürlich nicht fix und variieren je nach Ort und Kategorie.

- Unterkunft (Hostel oder Low Budget Hotel): 150–500 Baht
- Einfaches Gericht in der Garküche (z.B. *Khao Pad* oder *Pad Thai*): 60 Baht
- Einfaches Gericht im touristischen Restaurant: ca. 80–120 Baht
- Kleines Chang/Singha Bier im Restaurant oder einer Bar: 60–80 Baht
- Motorroller Mieten: 150–200 Baht/Tag
- Roller tanken (1 Liter): 30–40 Baht
- Ölwechsel am Roller: 150–200 Baht
- Reifenwechsel am Roller: 600 Baht/150 Baht (nur Schlauch)
- Taxifahrt (Sammeltaxi): 100–300 Baht
- Kleines Souvenir (Armband, Kette etc.): 50–100 Baht
- Massage im Spa (1 Std.): 400 Baht
- Eine Packung Marlboro: ca. 130 Baht
- Tempelbesuch (Spende): 20 Baht (freiwillig)
- Visa-Verlängerung: 1900 Baht
- SIM-Karte inklusive einem 4G-Paket für einen Monat (3 GB): 400 Baht
- Haarschnitt: ca. 200 Baht

Three Sixty Bar

21. RESSOURCEN & REISEFÜHRER

WEITERE THAILAND-REISEFÜHRER

SAME WAY BUT DIFFERENT

Same Way But Different ist unser eigener 196-seitiger Thailand-Routenguide. Hier findest du alle Informationen eines Reiseführers plus 7 extra entworfene spannende und individuelle Routen durch Thailand. Zusätzlich einen kompakten Sprachguide sowie einen Food Guide und Unterkunftsempfehlungen für alle auf den Routen gelegenen Orte.

Weitere Informationen über "Same Way But Different" erhältst du unter: https://homeiswhereyourbagis.com/thailand-ebook

LONELY PLANET

Wenn du in Thailand unterwegs bist, wirst du viele Leute mit dem Lonely Planet in der Hand sehen. Es ist der Marktführer unter den Reiseführern. Die letzte Ausgabe ist von 2015 und somit noch relativ aktuell. Auf jeden Fall ein super Buch, um sein Thailandwissen über Land und Leute zu vertiefen sowie um einige Tipps & Tricks für Backpacker zu erfahren.

REISE KNOW-HOW

Ein beliebter Reiseführer für die 3 populären Inseln Koh Samui, Koh Phangan und Koh Tao im Golf von Thailand. Jede Menge Infos auf 144 Seiten plus eine kostenlose App mit Inselplan. Die letzte Auflage ist vom März 2015. Sowohl als Taschenbuch, als auch fürs Kindle verfügbar.

STEFAN LOOSE

Der über 800-seitige Reiseführer von Stefan Loose beinhaltet den Süden von Thailand. Von Bangkok bis nach Penang in Malaysia. Er bietet viele Informationen zur Ost- und Westküste von Thailand. Von Stränden bis Schnorchelspots findest du hier allerhand Informationen. Die letzte Auflage ist von Dezember 2015 und als Kindle Edition sowie Taschenbuch verfügbar.

MARCO POLO

Für einen kurzen Inselurlaub ist auch der Marco Polo Reiseführer sehr zu empfehlen, da er sehr günstig ist. Die aktuelle Ausgabe aus April 2016 bieten neben den bekannten Highlights einige Insidertipps sowie eine kostenlose Tourenapp. Erhältlich als Taschenbuch und für das Kindle.

WEITERFÜHRENDE RESSOURCEN

WEBSEITEN, BLOGS & SOCIAL MEDIA

- **Home is where your Bag is:** https://homeiswhereyourbagis.com/laender-und-orte/suedostasien/thailand/koh-phangan – mein Reiseblog mit zahlreichen ausführlichen Artikeln und Videos über Koh Phangan
- **Faszination Südostasien:** http://faszination-suedostasien.de/rubrik/reiseziele/thailand – hilfreiche Artikel über Thailand und den Rest Südostasiens
- **Koh Phangan Digital Nomads:** https://www.facebook.com/groups/kpdigitalnomads – Facebook-Community für digitale Nomaden auf Koh Phangan
- **Koh Phangan Motorbikes & Boats for sale and rent:** https://www.facebook.com/groups/527705347334226 – Facebook-Community, um ein Motorbike oder Boot auf Koh Phangan zu mieten oder kaufen
- **Koh Phangan for sale:** https://www.facebook.com/groups/kohphanganforsale – weitere Gruppe für Kleinanzeigen auf Koh Phangan
- **Koh Phangan – Travel Tips:** https://www.facebook.com/groups/871456926322257 – unsere Facebook-Gruppe für Koh Phangan

- **Wikitravel:** http://wikitravel.org/de/Phangan
- **My Koh Phangan:** http://www.my-kohphangan.com – Online-Magazin mit Neuigkeiten und Infos rund um Koh Phangan

HOTEL- UND FLUGBUCHUNG

- **Agoda.de:** die beste Hotelsuchmaschine für Asien und somit auch für Koh Phangan
- **Booking.com:** ebenfalls eine gute Hotelsuchmaschine und zum Preisvergleich mit Agoda
- **Sawadee.com:** super Hotelbuchungsportal speziell für Thailand. Alle Preise in Landeswährung verfügbar
- **Hostelworld.com:** das Nummer 1 Buchungsportal, wenn du in Hostels mit Schlafsälen günstig unterkommen möchtest
- **Skyscanner und Momondo:** die 2 besten Flugsuchmaschinen

Du kennst noch mehr wichtige **Webseiten, Blogs oder Communities** und bist der Meinung, dass sie in diese Liste gehören? Kontaktiere mich über meinen Blog www.homeiswhereyourbagis.com

Aussicht kurz vor Thong Nai Pan

22. WICHTIGE ADRESSEN

NOTFALLNUMMERN

Polizei Notruf	191
Feuerwehr Notruf	199
Tourist Police	1699

WICHTIGE TELEFONNUMMERN & KONTAKTDATEN

Polizeistation Thong Sala
Tel.: 077377114

Koh Phangan Rescue
Tel.: 077377500

First Western Hospital
Tel.: 077377474
Webseite:
www.firstwesternhospital.healthcare
E-Mail: info@firstwesternhospital.co.com
Adresse: 112/44 Moo 1, Thong Sala, Koh Phangan, 84280 Surat Thani

Phangan Medical Center (Bangkok Hospital)
Tel.: 1719
Webseite: www.bangkokhospitalsamui.com
E-Mail: info@bangkokhospitalsamui.com
Adresse: 115/12–13 Moo 1, Baan Tai, Koh Phangan, 84280 Surat Thani

Bangkok Airways
Tel.: 077428500
Webseite: www.bangkokair.com
E-Mail: reservation@bangkokair.com

AirAsia
Tel.: 025159999
Webseite: www.airasia.com
E-Mail: Kontaktformular auf der Webseite

Lomprayah
Tel.: 077238411
Webseite: www.lomprayah.com
E-Mail: info@lomprayah.com

Songserm Express
Tel.: 077377704
Webseite: www.songserm-expressboat.com
E-Mail: info@songserm.co.th

Seatran Discovery
Tel.: 077238679
Webseite: www.seatrandiscovery.com
E-Mail: info@seatrandiscovery.com

Raja Ferry
Tel.: 077377452
Webseite: www.rajaferryport.com
E-Mail: info@rajaferryport.com

WICHTIGE KONTAKTE IN THAILAND

Deutsche Botschaft Bangkok
Tel.: 022879000
Adresse: 9 Sathorn Tai Road, Yannawa, 10120 Bangkok

Honorarkonsul Südthailand
Tel.: 076354119
Konsul: Herr Dirk Naumann
Adresse: Chalermprakit Road 9, North Rassada, Phuket Town

Immigration Koh Samui
Tel.: 077421069
Adresse: 333 Maenam Road, Soi 1, Moo 1, Maenam, Koh Samui

23. SPRACHGUIDE

ALLGEMEINES

- **Ja** – Chai (khrap/ka)
- **Nein** – Mai (khrap/ka)
- **Danke** – Khob kun (khrap/ka)
- **Bitte** – Dai proot (khrap/ka)
- **Entschuldigung (sorry)** – Koo toot (khrap/ka)
- **Macht nichts/keine Ursache!** – Mai pen rai (khrap/ka)
- **Achtung!/Vorsicht!** – Kuam son jai
- **Hilfe!** – Chuay duay!

BEGRÜSSEN UND KENNENLERNEN

- **Guten Tag/Hallo** – Sawadee (khrap/ka)
- **Wie geht's?** – Sabai dii mai (khrap/ka)
- **Mir geht's gut** – Sabai dii (khrap/ka)
- **Ich (männlich)** – Phom
- **Ich (weiblich)** – Chan
- **Ich heiße...** – Phom/Chan chue... (khrap/ka)
- **Wie heißt du?** – Khun chue arai (khrap/ka)?
- **Auf Wiedersehen** – La gorn (khrap/ka)
- **Ich komme aus...** – Phom/Chan ma jak... (khrap/ka)
- **Sprichst du Englisch?** – Khun phut pasa angrit dai mai (khrap/ka)?
- **Ich verstehe nicht** – Mai kao jai (khrap/ka)
- **Ich spreche kein Thai** – Phud pasa thai mai dai (khrap/ka)
- **Ein bisschen** – Nid noi
- **Deutschland** – Joeremani
- **Schweiz** – Witserlan
- **Österreich** – Austria
- **Europa** – Yurop

EINKAUFEN

- **Was ist das?** – Nii kue arai (khrap/ka)?
- **Wie teuer?** – Taurai (khrap/ka)?
- **Teuer** – Paeng
- **Billig/günstig** – Rakha tuug
- **Ich möchte bezahlen** – Gepdang duai (khrap/ka)
- **Nein, danke** – Mai (khrap/ka), khop kun (khrap/ka)
- **Markt** – Dtalaad
- **Ich möchte.../Ich hätte gerne...** – Phom/Chan yak au ... (khrap/ka)

ESSEN/TRINKEN/LEBENSMITTEL

- **Restaurant** – Raan ahaan
- **Nachtmarkt** – Dtalaad kham
- **Lecker!** – Aroy dee (khrap/ka)
- **Guten Appetit** – Gin hay aroy (khrap/ka)
- **Essen (verb)** – Gin
- **Trinken (verb)** – Duem
- **Ich habe Hunger** – Phom/Chan hiu khao (khrap/ka)
- **Ich habe Durst** – Phom/Chan krahay nam (khrap/ka)
- **Ich bin satt** – Ihm laew (khrap/ka)
- **Frühstück** – Ahaan chao
- **Mittagessen** – Ahaan glangwan
- **Abendessen** – Ahaan kham
- **Scharf** – Pet
- **Nicht scharf** – Mai pet
- **Extra scharf** – Pet pet
- **Rechnung** – Check bin
- **Zigarette** – Bourie
- **Aschenbecher** – Tikiabourie
- **Bier** – Biya
- **Stilles Wasser** – Nam plao
- **Saft** – Kann
- **Wein** – Whai
- **Prost!** – Chaiyo!/Chon!
- **Heiß** – Ron
- **Kalt** – Yen

- **Essensstand / Garküche** – Phaeng khay ahaan
- **Fisch** – Pla
- **Garnele** – Goong
- **Hähnchen(fleisch)** – Gai
- **Schweine(fleisch)** – Moo
- **Rind(fleisch)** – Nuea
- **Reis** – Khao
- **Nudeln** – Kuai tiao
- **Gemüse** – Pak
- **Spiegelei** – Khai dao
- **Groß** – Yai
- **Klein** – Lek / Noi

ORTE

- **Stadt** – Muang
- **Dorf** – Mu baan
- **Straße** – Thanon
- **(kleine) Straße, Seitenstraße** – Soi
- **Busbahnhof** – Satanee rod pra jam tang
- **Bahnhof** – Satanee rod fai
- **Tankstelle** – Satanee borigan naman
- **Hotel** – Rong raem
- **Flughafen** – Sanam bin
- **Strand** – Haad
- **Toilette** – Hong nam
- **Krankenhaus** – Rong phayaban
- **Arzt** – Moaa
- **Polizei** – Dam ruat
- **Apotheke** – Ran khay ya
- **Postamt** – Tii tam gan praisanee
- **Wasserfall** – Nam tok
- **Auto** – Rod yon
- **Motorroller / Motorrad** – Rod jakrayan yun/ Rod motosai
- **Fahrrad** – Jakrayan
- **Boot** – Ruea
- **Taxi** – Rod taeksi
- **Bus** – Rod bus
- **Zug** – Rod fai
- **Flugzeug** – Krueang bin
- **Benzin** – Naman bensin
- **Unfall** – Ubatiheed
- **Krankenwagen** – Rod phayaban
- **Mieten (ausleihen)** – Hay chau
- **Reisepass** – Nangsudoentang
- **Gute Reise!** – Mi gan doentang tii dii (khrap / ka)
- **Zimmer** – Hong

ZAHLEN

- **0** – Soon
- **1** – Nueng
- **2** – Song
- **3** – Sam
- **4** – Sii
- **5** – Ha
- **6** – Hok
- **7** – Jet
- **8** – Pet
- **9** – Gao
- **10** – Sip
- **11** – Sip-et
- **12** – Sip song
- **13** – Sip sam
- **20** – Yee-sip
- **21** – Yee-sip-et
- **22** – Yee-sip song
- **30** – Sam sip
- **40** – Sii sip
- **50** – Ha sip
- **100** – Nueng roi
- **200** – Song roi
- **1000** – Nueng pan
- **2000** – Song pan
- **10.000** – Nueng muen

Achtung: In Thailand wird aufgrund der Höflichkeit noch ein Wort ans Ende des Satzes gehängt: Männlich: ***Khrap*** (oft einfach nur als "Kap" ausgesprochen) – Weiblich: ***Ka***

Zum Beispiel: *Khop Kun Khrap / Ka* oder *Sawadee Khrap / Ka*.

WEITERFÜHRENDES

Thai ist keine der Sprachen, die sehr einfach zu erlernen sind. Das liegt zum einen am Schriftbild, das ein komplett anderes ist als unser lateinisches Alphabet und zum anderen an der Aussprache. Thai ist eine tonale Sprache, d.h. es gibt manchmal Wörter, die durch eine unterschiedliche Aussprache verschiedene Bedeutungen bekommen. Trotzdem ist es sinnvoll ein paar grundlegende Wörter zu lernen, um sich ein wenig zu verständigen. Ein "Hallo" und "Danke" sollte jeder Reisende können.

Wenn du die thailändische Sprache etwas mehr erlernen willst, kann ich dir folgende **Lehrmittel** ans Herz legen:

THAIKURS FÜR ANFÄNGER

Ein online Sprachkurs vom wohl besten Phuket-Blog *Phuketastic*. Mehr unter: https://homeiswhereyourbagis.com/link/thaikurs-fuer-anfaenger

THAIKURS FÜR ANFÄNGER

Der Online-Kurs als Taschenbuch. Erhältlich bei Amazon und Co.

SIMPLY LEARN THAI

Eine einfach zu bedienende und tolle App zum Erlernen der Sprache. Erhältlich im Google Play Store und bei iTunes.

ENGLISH-THAI ALL YOU HAVE TO KNOW

Ein kleines, lustiges Buch mit dem Grundwortschatz. Erhältlich bei Amazon.

LEARN THAI WITH MOD

Ein Videokurs auf YouTube von der sympathischen *Kru Mod* und ihrer Freundin *Pear*. Sie bringt dir in Videos die thailändische Sprache bei. Du brauchst dazu jedoch Englischkenntnisse. www.learnthaiwithmod.com

L-LINGO APP

Eine tolle App, die dir die Basics der thailändischen Sprache beibringt. Der erste Teil des Kurses ist komplett kostenlos und schon enorm hilfreich. Wenn du noch tiefer in das Lernen der Sprache eintauchen möchtest, kannst du einfach weitere Kurse dazukaufen.

Fun Facts: Die Aussprache der Thais entspricht oft dem asiatischen Klischee, so dass ein "R" gegen ein "L" getauscht wird. Wenn dir also Wörter manchmal etwas merkwürdig vorkommen, dann tausche das "L" in deinem Kopf einfach gegen ein "R" aus. Dann macht das Wort oft wieder einen Sinn.

Auch kann es passieren, dass bestimmte Konsonanten am Ende eines Wortes einfach umgewandelt werden, besonders das "L". Aus "School" kann dann mal auch einfach "Schoon" werden.

Eine weitere Eigenart der Thailänder ist, dass bei englischen Wörtern oder Namen, die 2 Konsonanten hintereinander haben, ein Vokal dazwischengesetzt wird. Das Wort "Steak" beispielsweise kann somit auch "Sa-täik" ausgesprochen werden.

24. ÜBER HOME IS WHERE YOUR BAG IS

ÜBER UNS

Wir, Marcel und Tobi, haben 2012 den Reiseblog ***Home is where your Bag is*** zusammen gegründet. Damals noch unter einem anderen Namen und mit Fokus auf die bevorstehende Weltreise, die von Januar 2013 bis Ende Juni 2013 auf dem Plan stand.

Aus der geplanten Weltreise wurde dann eine Reise nach Südostasien und Ozeanien, da die Pläne unterwegs nochmal umgeworfen wurden. Aber gerade das macht die Freiheit auf Reisen doch aus – einfach da bleiben, wo es uns gefällt und andere Orte dafür auslassen.

Mittlerweile haben wir seit 2012 **über 24 Monate in Thailand** verbracht und davon alleine mehr als ein 1 Jahr auf Koh Phangan. Die Insel hat sich zu einer unserer Lieblingsinseln und inzwischen sogar zu unserer **Homebase** entwickelt. Wir fühlen uns hier sehr wohl und haben einen tollen Einblick in das Leben der Einheimischen bekommen sowie viele Freunde gefunden.

Durch die vielen und langen Aufenthalte auf Koh Phangan haben wir diese Insel sehr gut kennengelernt und unzählige Touren mit dem Motorroller um die Insel gemacht, um alle Ecken zu erkunden. Dabei haben wir uns natürlich die traumhaften Strände und allerlei Sehenswürdigkeiten angeschaut, wodurch schließlich dieses Buch entstanden ist.

Weitere Infos und Artikel sowie Videos über Koh Phangan findest du auch auf unserem **Reiseblog** unter https://www.homeiswhereyourbagis.com. Außerdem findest du dort noch weitere E-Books und Reiseführer für deine Südostasien-Reise.

Facebook: https://facebook.com/homeiswhereyourbagis

Twitter: @tobi_bagis und @marcel_bagis

Instagram: https://instagram.com/homeiswhereyourbagis

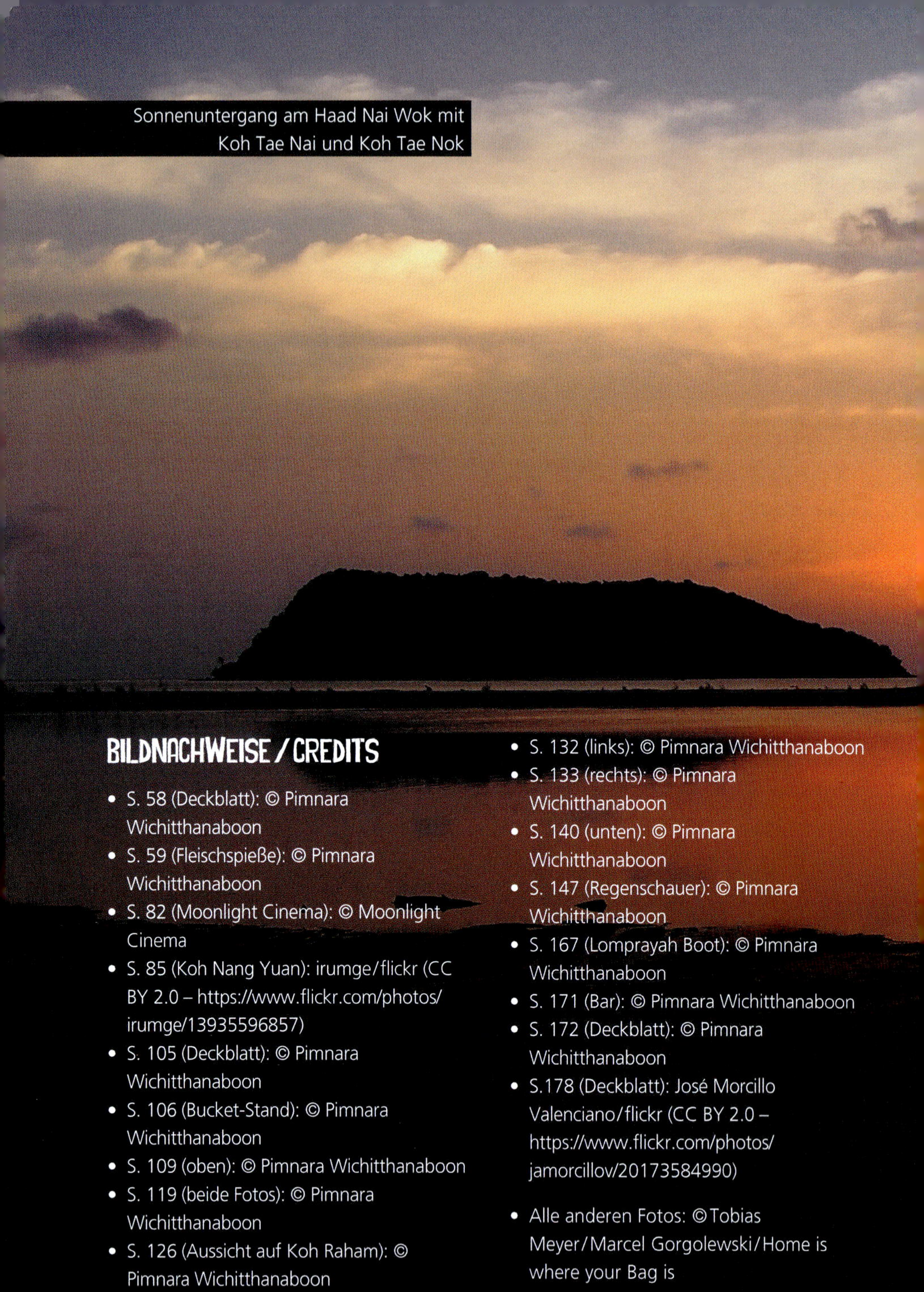

Sonnenuntergang am Haad Nai Wok mit Koh Tae Nai und Koh Tae Nok

BILDNACHWEISE / CREDITS

- S. 58 (Deckblatt): © Pimnara Wichitthanaboon
- S. 59 (Fleischspieße): © Pimnara Wichitthanaboon
- S. 82 (Moonlight Cinema): © Moonlight Cinema
- S. 85 (Koh Nang Yuan): irumge/flickr (CC BY 2.0 – https://www.flickr.com/photos/irumge/13935596857)
- S. 105 (Deckblatt): © Pimnara Wichitthanaboon
- S. 106 (Bucket-Stand): © Pimnara Wichitthanaboon
- S. 109 (oben): © Pimnara Wichitthanaboon
- S. 119 (beide Fotos): © Pimnara Wichitthanaboon
- S. 126 (Aussicht auf Koh Raham): © Pimnara Wichitthanaboon
- S. 132 (links): © Pimnara Wichitthanaboon
- S. 133 (rechts): © Pimnara Wichitthanaboon
- S. 140 (unten): © Pimnara Wichitthanaboon
- S. 147 (Regenschauer): © Pimnara Wichitthanaboon
- S. 167 (Lomprayah Boot): © Pimnara Wichitthanaboon
- S. 171 (Bar): © Pimnara Wichitthanaboon
- S. 172 (Deckblatt): © Pimnara Wichitthanaboon
- S.178 (Deckblatt): José Morcillo Valenciano/flickr (CC BY 2.0 – https://www.flickr.com/photos/jamorcillov/20173584990)

- Alle anderen Fotos: © Tobias Meyer/Marcel Gorgolewski/Home is where your Bag is

Stand: 02/2017

Hinweis: Trotz eigener Erfahrungen und sorgfältiger Recherche übernehmen wir keinerlei Gewähr für die Aktualität, Korrektheit, Vollständigkeit oder Qualität der bereitgestellten Informationen. Alle hier verlinkten Produkte und Buchungsseiten empfehlen wir nur, weil wir sie selbst benutzen und als gut befinden. Einige dieser Links sind sogenannte Affiliate-Links, durch die wir eine kleine Provision erhalten. Der Preis ändert sich dadurch nicht und es entstehen keinerlei Nachteile für dich.

Vielen Dank fürs Lesen und deine Unterstützung!

IMPRESSUM:

Herausgeber: Marcel Gorgolewski und Tobias Meyer GbR
Autor: Tobias Meyer
Satz & Gestaltung: Marcel Gorgolewski

Produktion und Verlag:
FLÜGGE PRINTMEDIEN Inh. Jörg Bley eK
21502 Geesthacht
www.fluegge-printmedien.de

ISBN: 978-3-923952-18-2

© Pimnara Wichitthanaboon